KB215153

인터뷰와 설문조사로써 과학자와 그리스도인 사이의 관계를 현실적이고 객관적으로 파악한 사회학자의 눈은 신선하고 예사롭지 않다. 그 신뢰할 만한 연구결과를 기반으로 저자는 과학과 기독교 신앙 사이의 고질적인 불협화음에 대한 통찰을 나눈다. 나아가 해결방안으로서 불필요한 두려움에서 벗어나 서로에 대한 편견 없는 이해로 나아가길 소망하는 동시에, 호기심·겸손·경외심·감사를 포함한 여덟 가지 공통된 미덕을 서로 적극적으로 공유하기를 제안한다. 자칫 추상적일 수 있는 과학과 신앙이라는 두 영역을 과학자와 신앙인이라는 구체적인 사람의 목소리로 전환하여 살펴봤다는 것과 저자의 실제 경험을 넘어 그리스도인 과학자들의 경계 개척자로서의 역할과 책임감을 재조명했다는 것이 이 책의 방점이라 생각한다. 일독을 권한다.

김영웅 기초과학연구원 선임연구원, 「과학자의 신앙공부」 저자

2018년 에든버러 대학교 기포드 강연 연사이기도 한 일레인 하워드 에클런드는 저명한 사회학자이며 크리스천으로서 과학과 신앙 사이의 관련성에 관한 전문가다. "과학과 신앙은 서로를 필요로 한다"라는 그녀의 주장은 자신의 사회과학적 조사의 결과인 동시에 변증이기도 하다. 두 영역 사이의 편만한 두려움의 근거를 세심히 들여다보며, 둘 사이는 대척점보다는 겹치는 공통 분모가 있을 것이라는 점에 착안한다. 즉 과학과 종교 사이에 그 두 영역을 통합하는 데 도움이 될 수 있는, 공유된 "미덕"(Virtue)들이 있는지를 살피는 것으로 연구를 시작한다. 달리 말해 저자는 과학적 사고와 신앙에 기반을 둔 사고 둘 다 숙고하는 "과정"에서 같은 길(미덕)을 걷는다는 것을 발견한다. 그것은 호기심과 의심과 겸손과 창의성의 과정이다. 즉 신앙에 기반을 둔 사고이든 과학적 사고이든 출발은 호기심에서 의심으로 진행하고, 의심하다가 방대한 세계에 맞닥뜨리면서 겸손을 배우고, 다시 겸손에서 창의성으로 나아가게 된다.

두 영역(과학과 신앙)은 구속(救贖)을 지향한다는 주장이 일레인 에클런드의 빛나는 공헌이다. 즉 그녀는 과학계와 종교계의 구성원 모두 타인의 고통을 덜어주는 것을 중요하게 생각한다는 점을 밝힌다. 이런저런 이유로 고통받는 인류에게 두 분야는 치유를 제공하고 위안을 주며, 유한한 인간 너머에 있을 무한한 존재에 대한 경외심을 갖고, 혼란스러운 세상에 샬롬을 가져오기를 소망한다. 그녀에 따르면 과학자나 신앙인이나 궁극적으로 모든 미덕의 근원인 감사로 귀결되는 것이 자연스럽다.

이러한 결론에 이르게 된 것은 사회학자로서 저자가 지난 15년간 수많은 과학자를 대상으로 실시한 인터뷰에 근거한 사회과학적 분석(정량 및 정성 분석)에 근거를 둔다. 본서는 학문적이지만 대중적이고, 과학적이지만 신앙적 얼굴을 담고 있는 경건 서적 같기도 하다. 글이 따스하고 온화하다. 그래서 베이커 출판사의 대중 서적 출판 브랜드인 브라조스에서 출판했다. 목회자들, 신학생들 및 교회의 지성적인 그리스도인들과 학구적 청년들에게 일독을 권한다.

류호준 백석대학교 신학대학원 은퇴 교수

본서는 과학과 신앙이 어떤 관계를 맺고 있으며, 어떻게 조화를 이룰 수 있을지를 잘 분석한 책이다. 저자는 다양한 입장을 지닌 수많은 사람들을 인터뷰하며 현재 미국에 거주하는 기독교인들이 과학과 신앙 사이의 관계에 대해 어떻게 생각하고 있는지를 잘 보여주고 있다. 특히 저자는 자신의 개인적인 경험을 종종 언급하여 독자가 본서를 쉽게 이해할 수 있도록 도움을 주고 있으며, 다양한 신앙의 배경을 지니고 있는 사람들의 이야기를 생동감 있게 전해주고 있다. 본서를 통해 한국의 기독교인들이 창조에 대한 다양한 의견이 공존할 수 있음을 깨닫고 겸손한 자세로 과학과 신앙의 관계를 정립해 가기를 기대한다.

장재호 감리교신학대학교 교수, 유튜브 "과학과신학연구소" 운영자이 책은 신앙과 과학이 갈등할 수밖에 없다는 생각이 두려움과 오해에서 비롯된 것임을 지적한다. 에클런드는 사회과학적 연구방법을 바탕으로 호기심, 의심, 겸손, 창의성 등의 덕목이 과학과 신앙 모두에서 사용되고 있으며, 이러한 덕목을 통해 진리를 추구하는 태도가 세계와 초월적 실재에 대한 깊은 통찰로 이어진다는 사실을 강조한다. 이로 인해 신앙과 과학은 서로에게 도움이 될 수 있다는 것이다. 특히, 한국의 그리스도인들이 주목해야 할 부분은 5장과 6장으로, 에클런드는 "의심"과 "겸손"이 과학 연구에 필수적일 뿐만 아니라 신앙에도 필요함을 강조한다. 이는 "신중한 의심은 두려워할 대상이라기보다는 더 큰 창의성과 경외심으로 가는 경로"(111쪽)라는 이유에서다. 과학적 태도와 신앙적 태도를 바탕으로 인간 인식의 한계를 인정하고, 우리가 알고 있는 것을 신중하게 의심하고 성찰할 때 비로소 하나님과 그분이 지으신 세계에 대한 올바른 앎을 얻을 수 있을 것이다. 하나님께서 우리에게 허락하신 진리를 탐구하고자 하는 모든 이들에게 일독을 권한다.

정대경 연세대학교 연합신학대학원 부교수, 종교와 과학 전공

우리는 모든 과학자가 확고한 무신론자라거나 모든 그리스도인이 과학을 거부한다는 상투적인 말을 들어본 적이 있을 것이다. 하지만 사람들이 과학과 신앙에 관해 실제로 어떻게 생각하는가? 이 분야에 관한 에클런드의 세계적인 연구는 과학자들과 신앙인들의 관점에 빛을 비춰준다. 이 간략한 책은 그녀의 학자적 통찰과 개인의 이야기들을 결합하여 과학과 기독교가 어떻게 건설적으로 그리고 심지어 아름답게 상호작용하는지를 보여준다. 목회자, 캠퍼스 사역자, 그리스도인 과학자, 소그룹 토론을 위한 완벽한 책이다.

데보라 하스마(Deborah Haarsma) 천문학자, 바이오로고스 CEO

에클런드는 탁월하고 통찰력이 있는 책에서 많은 신앙 공동체와 과학 공동체를 질식시키는 분위기에 절실하게 필요한, 은혜로 가득 찬 공기를 가져온다. 점점 더 양극화되고 있는 문화에서 겸손, 존중, 호기심이라는 인식론적 다리를 놓는 것보다 더 중요한 일은 별로 없다. 신앙 공동체의 리더인 나는 내 교구민 모두 이 책을 읽고 충심으로 받아들이기를 원하며, 이 책을 강력하게 추천한다.

톰 넬슨(Tom Nelson) 크라이스트 커뮤니티 처치 시니어 목사,

메이드 투 플로리시(Made to Flourish) CEO

오늘날 교회는 많은 싸움을 벌이고 있으며 그 과정에서 교회가 세상에 독특하게 제공하는 선물 중 하나인 공동체를 상실하고 있다. 4장에서 질(Jill)이라는 인터뷰 대상자는 자신의 독특한 재능인 경이와 호기심이 가치를 인정받지 못했다고 말했다. 하지만 실제로는 그것들이 절실하게 필요하다. 이 재능들이 없이는 기독교 세계가 하나님 나라의 신비인 변혁적인 아름다움을 파악하는 데 어려움을 겪을 것이다. 이 책은 사려 깊고 영감이 넘치는 책이다.

후아니타 라스무스(Juanita Rasmus) 텍사스주 휴스턴 소재 세인트존스 처치

시니어 목사, *Learning to be* 저자

에클런드는 사회학 데이터와 개인적 경험이라는 렌즈를 통해 과학과 기독교 신앙이 적절하게 이해될 경우 어떻게 미지의 세계에 대한 두려움을 몰아내고 겸손, 지적 호기심, 심지어 의심이라는 공유 가치를 배양하는 데 도움이 되는지에 대해 사고를 자극하며 설득력이 있는 그림을 보여준다. 에클런드의 주장은 상쾌할 정도로 정직하다.

프라빈 세투파시(Praveen Sethupathy) 코넬 대학교 척추동물 유전체학 센터

에클런드는 과학과 신앙이 서로 반대하지 않음을 우리가 알도록 도와준다. 과학과 신앙이 이해되고 수용되면 그것들은 사실 신앙과 학문을 보강하고 개선한다. 하나님의 백성이 과학의 경이를 통해 그분의 영광의 넓이와 깊이를 명백히 알기를 바라는 에클런드의 전염성 있는 염원은 우리에게 영감을 고취한다.

코리에 에드워즈(Korie Edwards) 오하이오 주립대학교

WHY SCIENCE and FAITH NEED EACH OTHER

EIGHT SHARED VALUES THAT MOVE US BEYOND FEAR

ELAINE HOWARD ECKLUND

WHY SCIENCE AND FAITH NEED EACH OTHER

기독교와 과학이

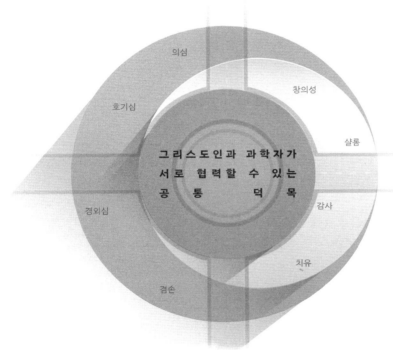

의심

창의성

호기심

샬롬

그리스도인과 과학자가
서로 협력할 수 있는
공통 덕목

감사

경외심

치유

겸손

교차로에서 만나려면

일레인 하워드 에클런드 지음

홍수연 옮김

새물결플러스

남편 칼(Karl)과 딸 애니카(Anika) 그리고
테레사(Teresa, 1955-2019년)에게 바칩니다.

감사의 글

나는 이 책을 쓴 경험에 관해 내가 속한 공동체에 깊은 감사를 표하고 싶다. 특히 헤일리 햄스트리트(Hayley Hemstreet)와 로라 아헨바움(Laura Achenbaum)에게 감사한다. 데이드라 콜만(Deidra Coleman)과 로버트 톰슨 주니어(Robert A. Thomson Jr.), 댄 볼거(Dan Bolger), 샤란 카우르 메타(Sharan Kaur Mehta), 로즈 칸토르치크(Rose Kantorczyk), 섀넌 클라인(Shannon Klein)에게 감사한다. 특히 마이클 맥도웰(Michael McDowell)과 레이첼 슈나이더 블라초스(Rachel Schneider Vlachos)는 이 책을 쓰기 위한 연구에 많은 도움을 주었다. 이 프로젝트의 자문 위원들인 하비 클레몬스(Harvey Clemons), 그레그 쿳소나(Greg Cootsona), 다니엘 에스피노자(Daniel Espinoza), 데보라 하스마(Deborah Haarsma), 세 김(Se Kim), 리처드 J. 마우(Richard J. Mouw), 웨인 박(Wayne Park), 스티브 웰스(Steve Wells)에게 감사한다. 이 책에 수록된 아이디어들을 나와 자주 논의했던 제프 스미스(Jeff Smith)와 세인트앤드루스 교회의 "교회 안의 과학"(Science in Congregations) 팀원들에게도 감사한다. 특히 그 아이디어들을 구체화한 고(故) 테레사 필립스(Teresa Phillips)에게 감사한다. 헤더 왁스(Heather Wax)의 편집과 안내에 감사한다. 애초에 이 책의 아이디어를 믿어준 내 에이전시 캐스린 헬머스(Kathryn Helmers)에게 특별히 감사한다. 이 책의 편집자 케이틀린 비티(Katelyn Beaty), 멜리사 블록(Melisa Blok) 및 브라조스 출판사의 모든 분께 특별히 감사한다. 나는 가족들의 도움에 가장 감사하고 싶다. 특히 내게 최고의 이야기를 제공해준 남편 칼과 딸 애니카에게 감사한다.

　　이 책은 템플턴 종교 재단의 연구 후원금을 받아서 출간할 수 있었다("Reaching Evangelical American Leaders to Change Hearts and Minds," TRT0191, Elaine Howard Ecklund PI). 이 출판물에 제시된 견해는 저자의 견해이며 반드시 템플턴 종교 재단이나 라이스 대학교의 견해를 반영하는 것은 아니다.

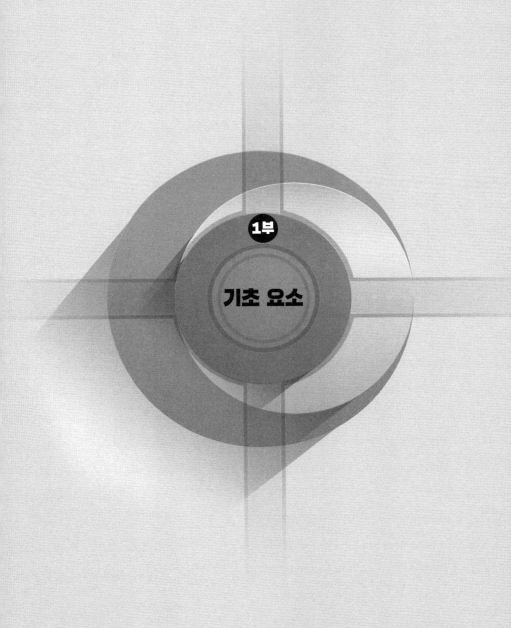

1부

기초 요소

1장

두려움에서 이해로

"이제 놀이 끝났어. 빨리 나와!" 애니카는 친구에게 큰 소리로 말했다. "당장 나와, 나오지 않으면 우리 엄마한테 매 맞을 거야!" 그 애의 위협은 사실이 아니었지만 여덟 살짜리 내 딸은 믿을 수 없을 정도로 확신하면서 말했다. 그것은 몇 년 전에 일어난 사건에 뿌리를 두고 있다.

그때 애니카는 세 살이었는데 나는 어린이집에 그 아이를 데리러 갔다. 그날 남편이 출타 중이어서 나는 혼자 아이를 돌보며 일하느라 지쳐있었다. 나는 주차한 뒤 애니카를 발견하고 천천히 차가 있는 곳으로 그 애를 데리고 갔다. 그 애는 몇 분만 더 친구들과 놀게 해달라고 졸랐다. 나는 허락했다.

아이들은 숨바꼭질 놀이를 시작했고, 나는 돌아서서 다른 부모와 잠시 이야기를 나눴다. 해가 저물기 시작했고 나는 애니카가 곧 내 옆으로 다가와 두 팔로 내 다리를 감싸 안으리라고 생각했다. 몇

분 후 그 일이 일어나지 않자 나는 주위를 둘러보기 시작했다. 나는 "애니카, 이제 가야 할 시간이야"라고 말하며 아이를 불렀다. 아무 대답이 없었다. 다른 부모와 아이들이 하나둘씩 자동차에 올라 자기들의 집으로 떠났다. 나는 다시 아이를 불렀다. "애니카, 이젠 정말 갈 시간이야!" 그래도 아무 대답이 없었다. 나는 가방을 들고 애니카와 그 애의 친구들이 놀고 있던 곳으로 걸어가 보았지만 아무도 보이지 않았다. "애니카, 어디 있니?" 나는 이번엔 더 크고 더 다급하게 말했다. 내 친구 한 명이 자기 아이를 안전띠를 맨 채로 자동차 안에 두고 내게 와서 애니카를 찾는 걸 도왔다. 아이들이 놀던 덤불 근처에는 아무런 움직임도 보이지 않았다. 극도의 불안감이 몰려왔고 내 심장은 더욱 빠르게 뛰고 있었다. 어린이집 부원장은 건물 안으로 들어오는 아이들을 보지 못했다고 말했다. 심장 박동은 계속 상승했고 나는 계속 소리쳤다. "애니카, 애니카! 어디 있니?" 나는 이제 공황 상태에 빠져들었다. 내 목소리 외에는 아무 소리도 들리지 않았다.

나는 길을 오르내리며 주차된 자동차들의 문을 열고 안을 들여다보았다. "부인, 왜 내 차 문을 여는 겁니까?" 나는 한 남자가 특별히 화가 난 음성은 아니지만, 매우 당황한 목소리로 물어보는 것을 들었다. 나는 대답하지 않았다. 내게는 오직 단 하나의 임무만 있을 뿐이었다. 나는 눈물을 흘리며 그 낯선 남자에게 아이를 찾는 일을 맡겼다. 부원장이 어린이집 내부와 주변을 확인한 다음 실종 아동 안전 지침을 가동했다. 우리가 애니카를 5분 안에 찾지 못하면 부원장은 경찰에 신고할 것이다.

그때 나는 정말 그 애를 찾지 못할 수도 있다고 생각했다. 나는 전에 없던 공포심을 느꼈고, 그 공포심이 내 행동을 이끌었다. 내게 도움을 주기 위해 남아 있던 엄마는 자동차 안에 있던 자기 아들을 데리고 나왔다. 그들은 골목길을 확인했다. "애니카, 어디 있니?" 나는 힘껏 소리쳤다. 나는 다른 사람이 하는 말을 듣지 않았고, 다른 사람이 어떻게 생각하든 신경 쓰지 않았다.

갑자기 나는 오른쪽 다리에 익숙한 촉감을 느꼈고 "엄마, 나 오늘 밤 TV 못 봐요?"라는 말을 들었다. 내가 아이를 붙잡고서 너무 꽉 껴안자 아이는 느슨하게 안아 달라고 부탁했다. 거의 5년이 지난 지금도 이 글을 쓰면서 내 가슴이 두근거린다.

애니카를 발견한 사람은 그 어린 남자아이였다. 그 애는 자동차에서 나온 후 어린이집 옆에 있는 덤불로 걸어갔다. 그 애는 애니카가 숨 쉬는 소리를 들었고 자기가 가까이 다가갔을 때 애니카가 낄낄거리는 소리를 들었다고 말했다. 내가 찾아다니는 동안 애니카는 줄곧 내게서 3미터 이내에 숨어있었다. 그 애는 내가 하는 말을 듣고 있었고 부원장이 하는 말을 듣고 있었다. 그 애는 내 친구와 다른 사람들이 자기를 찾는 것을 돕는 소리를 듣고 있었다. 그 애는 우리 모든 사람이 자기를 부르는 소리를 듣고 있었지만 대답하지 않았다.

나는 애니카를 인도에 살며시 내려놓은 다음 다시 팔을 붙잡고 그 애의 얼굴을 쳐다보면서 다른 사람들이 어떻게 생각하든 신경 쓰지 않은 채 다시 소리를 질렀다. "엄마는 지금 정말 화가 많이 나 있어. 엄마가 너를 한 대 때려 줘야겠어!" 그 애는 울기 시작했고 그 애를 찾은 남자아이도 함께 울기 시작했다. "진정하세요." 어린이집 부원장이 부드럽게 내 팔을 잡고 말했다. "두려움과 분노는 종이 한 장

차이지요." 나는 그때 애니카를 때리지 않았고 그 후에도 때리지 않았지만, 내 공포는 분노로 바뀌었고(몇 분 전까지만 해도 두려움이 명백했고 그 애를 찾기 위해서라면 말 그대로 무슨 짓이든 다 했을 것이다), 분노가 공포를 대체했다. 그 일로 인해 나는 경솔하고 충동적으로 되었고, 명확하고 현명하게 생각할 수 없었다.

그날 이후 오랫동안 나와 애니카 사이의 관계에서 공포가 핵심적인 역할을 했다. 그것은 단지 단순한 한 가지 감정이 아니었다. 그것은 존재 방식, 즉 일종의 육체적·감정적 관행이 되었다. 나는 딸을 계속 시야 안에 두려고 끊임없이 두리번거렸고 그 애가 내 시야에서 1분 이상 벗어나면 심장이 두근거리곤 했다. 나는 딸이 어디에 있는지 알고 그 애가 벗어나지 못하게 하려고 항상 그 애를 만지거나 그 애의 손을 잡고 있기를 원했다. 내가 애니카를 그렇게 심하게 구속하다 보니 딸과 갈등이 빚어졌고 세상에 대한 그 애의 호기심이 억눌렸다.

하지만 시간이 지나면서 나는 덜 무서워했고, 나와 딸 사이의 관계도 바뀌었다. 애니카는 성장했고 경계에 대해 더 현명해졌으며 나는 딸이 여전히 내게 돌아올 것이라고 믿으면서 그 애가 탐험하고 호기심을 갖고 조금씩 모험을 하게 하는 법을 배웠다. 나는 이제 항상 딸을 보기 위해 두리번거릴 필요가 없다. 나는 조금씩 그리고 점점 더 신뢰와 분별과 용기에 의지한다. 나는 애니카를 잃어버렸다고 생각한 경험을 원하지 않았지만, 그것은 내게 자신에 대한 무언가를 가르쳐 주었다. 그것은 내가 분노를 느낄 때 종종 두려움이 좀 더 진실한 감정이라는 점이다. 그래서 이제 나는 "내가 무엇을 두려워하는가?"라고 묻는다.

분노를 누그러뜨리고 두려움을 인식하기

나는 이 교훈을 그리스도인들이 과학에 대해 그리고 종교와 과학 사이의 관계에 대해 어떻게 생각하는가에 관한 학문적 연구에 적용한다. 두려움은 분노로 가장하여 갈등으로 이어질 수 있으므로, 신앙과 과학 사이의 갈등을 발견할 때 우리는 근저의 두려움이 있는지 살펴보고 그것을 이해하려고 노력해야 한다. 과학이 신앙의 요소들과 충돌하거나 그 요소들을 손상할지도 모른다는 두려움이 있는가? 특정한 과학적 아이디어들을 받아들이면 신앙의 힘이 약해지거나 신앙에서 완전히 멀어질 것이라는 두려움이 있는가? 논란이 되는 윤리적·신학적 문제를 제기하는 특정한 과학적 발견과 기술에 대한 두려움이 있는가? 그리스도인들이 그런 두려움에 근거하여 과학에 반응한다면, 우리가 어떻게 그 두려움을 진정시키거나 좀 더 생산적인 습관이나 관행으로 대체할 수 있을까?[1]

---

1   미덕들에 관한 철저한 연구는 이 책의 범위를 벗어나지만, 관심이 있는 독자는 John A. Oesterle, trans., *St. Thomas Aquinas Treatise on the Virtues*(Notre Dame, IN: University of Notre Dame Press, 1992)를 보라. 나는 1990년대 중반에 코넬 대학교 학부생이던 시절에 노먼 크레츠만(Norman Kretzmann)의 아퀴나스에 관한 강의를 들었는데 그 강의가 내 삶을 변화시켰다. 크레츠만의 이전 동료들과 제자들이 아퀴나스의 도덕 사상을 논의하는 책을 펴냈다. Scott MacDonald and Eleonore Stump, eds., *Aquinas's Moral Theory: Essays in Honor of Norman Kretzmann*(Ithaca, NY: Cornell University Press, 2008)을 보라.

나 같은 사회학자들은 집단행동에 관심이 있다. 우리는 집단이 개인에게 어떻게 영향을 미치는지, 그리고 집단이 어떻게 사회에 좋은 변화나 나쁜 변화를 가져올 수 있는지에 관심이 있다. 우리가 이 주제에 관해 연구하기 위해 사람들의 삶의 이야기를 듣고 이러한 개인적인 이야기들이 이 사람들이 속한 집단을 어느 정도로 대표하는지 분석하는 방법을 사용할 때도 있다. 우리는 자신의 이야기를 다른 사람들의 이야기와 비교할 때 그것을 가장 잘 이해한다. 사회적·과학적 연구와 데이터도 우리가 흔히 공적 토론을 주도하는 크고 호전적인 목소리를 넘어 사람들이 생각하고, 가치 있게 여기고, 믿는 것에 대해 좀 더 섬세하고 정확하게 이해할 수 있게 해준다. 사회학은 우리가 어떤 집단 관행들이 특정한 목표 달성에 가장 효과적인지를 이해하도록 도움을 준다.[2] 사회학에는 철학이나 신학에서 사용되는 것과 똑같은 도구가 없다. 사회학은 우리에게 올바른 삶의 방식을 말해줄 수 없다. 하지만 우리가 우리의 공동체나 교회가 **어떻게** 달라지기를 원하는지 알고 있다면, 사회학이 우리가 집단 문화를 변화시키고 이러한 변화를 가져오는 삶의 방식을 취할 수 있도록 도움을 줄 수 있다.

---

2   조직 사회학과 조직 문화에 관한 많은 문헌이 있다. 이런 문헌에 관심이 있는 독자에게 나는 입문서로 Joanne Martin, *Cultures in Organizations: Three Perspectives* (New York: Oxford University Press, 1992)를 추천한다.

내 연구들

지난 15년 동안 나는 종교인들이 과학에 대해 어떻게 생각하는지와 과학자들이 종교에 대해 어떻게 생각하는지를 연구해왔다.[3] 나는 종교와 과학 사이의 관계에 관해 거의 41,000명에 달하는 종교인과 과학자(신자와 비신자 모두)를 대상으로 조사했다. 나는 또한 종교인들 및 과학자들(종교가 있는 과학자 포함)을 대상으로 1,290건의 심층 대면 인터뷰를 수행했다. 내가 이 주제에 관심을 기울이는 이유는 신앙과 과학 모두가 내 삶에 영향을 주었고, 나는 과학과 신앙이 삶의 가장 크고 중요한 문제들을 다룬다고 생각하기 때문이다. 내 연구는 종교와 과학 사이의 관계에 대해 사람들이 지닌 관점들이 중요하다는 것을 보여준다. 그 관점들은 사람들이 누구에게 투표하느냐와 나아가 과학 연구에 대한 공적 자금 지원에 영향을 줄 수 있다. 종교와 과학 사이의 관계에 대한 관점은 한 개인이 교회에 출석하는가와 젊은이들이 교회에 계속 남는가에도 영향을 줄 수 있다. 내 연구는 많은 젊은이가 기독교와 과학 사이의 갈등이 조화될 수 없다고 생각하기 때문에 교회를 떠난다는 것을 발견했다.[4]

나는 방문했던 교회들에서 자녀들이 특정 과학 수업을 받지 못

---

3   미국의 자연과학자들과 사회과학자들이 종교에 관해 어떻게 생각하는지에 대한 내 첫 저서는 『과학 대 종교: 과학자들이 실제로 어떻게 생각하는가?』(*Science vs. Religion: What Scientists Really Think*, New York: Oxford University Press, 2010)다.

4   이 연구의 배경의 많은 부분이 내 가장 최근 학술서인 Elaine Howard Ecklund and Christopher P. Scheitle, *Religion vs. Science: What Religious People Really Think*(New York: Oxford University Press, 2017)에서 논의된다.

하게 하는 그리스도인들을 만났다. 그들은 과학 교육이 자신의 자녀들을 의심하게 하고 궁극적으로는 신앙을 거부하게 할까 봐 두려워한다. 일부 그리스도인 부모들은 자녀들이 진학할 대학 선택에 관해 조언할 때 그런 대학에서 과학자들이 신앙에 대해 뭐라고 말할지 걱정한다. 흑인과 라틴계 그리스도인들은 흑인과 소수 민족은 물론이고 신앙인들도 많지 않은 과학기술 분야의 일원이 되는 것에 관해 걱정한다. 과학 분야에서 일하기 원하는 그리스도인 여성(성인과 청소년 모두)들은 자신의 과학에 대한 열망으로 인해 기독교 공동체에서 소외되고, 성별과 신앙 때문에 과학 공동체에서 소외되지는 않을까 궁금해한다. 일부 그리스도인은 특정 의료 기술과 연구가 윤리적인지, 그것들이 인간의 독특성과 인간이 하나님의 형상대로 지음을 받았다는 것이 무슨 의미인가를 고려하는지를 걱정한다. 나는 과학이 그들의 신앙에 어떤 영향을 줄지와 과학자들이 종교와 사회에서 종교의 위치에 어떤 영향을 줄지를 두려워하는 많은 그리스도인을 만났다. 나는 과학과 종교 사이의 관계와 때때로 우리 사회를 장악하고 있는 듯한 과학 및 기술과 좀 더 나은 관계를 맺는 방법에 관해 좀 더 생산적인 대화를 나누고 싶어 하는 많은 그리스도인도 만났다.

내 가장 큰 연구 프로젝트 중 하나는 신앙과 과학 사이의 관계에 관한 연구였다. 이 연구는 미국 과학 진흥 협회(American Association for the Advancement of Science)의 과학, 윤리와 종교 프로그램에 관한 대화(Dialogue on Science, Ethics and Religion program) 및 미국 복음주의 협회(National Association of Evangelicals)와 협력하여 수행되었으며 미국의 복음주의자들에게 초점을 맞췄다. 내가 연구한 바에 따르면 그리스도인들은 과학을 바라보는 시각에 있어 다른 종교 집단들과 다르지만, 복음주의 그리스도인들은 특히 유별나다. 복음주의 그리스도인의 의미는 다양하게 정의되지만, 나는 이 책에서 동료 사회과학자들이 그들의 연구에서 사용한 복음주의 그리스도인의 정의를 받아들여 사용한다. 그 정의에 따르면 복음주의 그리스도인은 성경을 권위 있는 책으로 읽기를 고수하고, 성경을 신적 영감을 받은 책으로 인정하는 그리스도인이다.[5] 복음주의 그리스도인들은 또한 예수가 죽은 자들 가운데서 문자적으로 부활하셨다고 믿는다. 나는 내 연구들을 통해 복음주의 그리스도인들이 다른 종교 집단의 구성원들보다 자신의 신앙과 과학 사이에 긴장을 인지할 가능성이 더 크다는 것을 발견했다. 그들은 또한 다른 종교의 신자들보다 과학 공동체를 더 의심하고 어려운 과학 문제에 관해 자기의 목사들과 상의할 가능성이 더 크다.[6] 그들은 신앙과 과학 사이의 긴장을 인지할 가능성이 더 크다.

---

5 다음 문헌들을 보라. Nancy T. Ammerman, *Bible Believers: Fundamentalists in the Modern World* (New Brunswick, NJ: Rutgers University Press, 1987); George M. Marsden, *Understanding Fundamentalism and Evangelicalism* (Grand Rapids: Eerdmans, 1991); Christian Smith, *American Evangelicalism: Embattled and Thriving* (Chicago: University of Chicago Press, 1998); Robert Woodberry and Christian Smith, "Fundamentalism et al: Conservative Protestants in America," *Annual Review of Sociology* 24, no. 1 (1998): 25-56.

6 다음 문헌들을 보라. Nancy T. Ammerman, *Bible Believers: Fundamentalists in the Modern World* (New Brunswick, NJ: Rutgers University Press, 1987); George M. Marsden, *Understanding Fundamentalism and Evangelicalism* (Grand Rapids: Eerdmans, 1991); Christian Smith, *American Evangelicalism: Embattled and Thriving* (Chicago: University of Chicago Press, 1998); Robert Woodberry and Christian Smith, "Fundamentalism et al: Conservative Protestants in America," *Annual Review of Sociology* 24, no. 1 (1998): 25-56.

그러므로 복음주의 그리스도인들이 과학에 대해 어떻게 느끼는지에 특별히 주의를 기울일 필요가 있다.[7]

이 책의 배경

나는 이 책을 쓰기 위해 특히 기독교 공동체와 관련이 있는 내 자료들을 분석하고, 교회 공동체와 관련을 맺고 있으면서 최고로 인정받는 그리스도인 과학자들에 대한 새로운 자료를 수집했다. 나는 전국의 다양한 그리스도인 집단에 속한 많은 그리스도인을 대상으로 인터뷰도 실시했다. 나는 무엇이 과학에 대한 그들의 태도와 개인적인 믿음의 차이에 영향을 주는지를 조사했다. 나는 그들의 신앙에 가장 강한 영향을 주는 과학적 이슈들을 밝혀냈다. 나는 그들이 종교와 과학의 관계에 대해 실제로 어떻게 생각하는지 그리고 왜 그렇게 생각하는지를 이해하기 원했다.

이 책의 내용은 사회 과학 연구에 뿌리를 두고 있으며, 과학과 신앙을 통합한 자신의 경험을 공유하는 그리스도인들과 과학자들의 이야기로 가득 차 있다. 과학과 종교를 사상 체계로서 조화시킨 사람

---

7 다음과 같은 최근 연구들을 보라. Pew Research Center: "Religion and Science," Pew Research Center, October 22, 2015, https://www.pew research.org/science/2015/10/22/science-an d-religion; Cary Funk and David Masci, "5 Facts about the Interplay between Religion and Science," October 22, 2015, https://www.pewresearch.org/fact-tank/2015/10/22/5-facts-about -the-interplay-between-religion-and-science.

도 있고 좀 더 개인적인 방식으로 조화시킨 사람도 있다. 당신은 과학자이면서 그리스도인으로서 다른 과학자들과 소통하거나 관계를 맺는 방법을 찾아낸 사람들로부터 이야기를 듣게 될 것이다(내가 내 연구 자료로부터 인용한 개인들은 그들이 속한 집단의 관점을 대표하도록 의도되었다). 예를 들어, 당신은 종교인이거나 종교가 있는 동료들과 함께 일하는 과학자들로서 기독교 신앙이 과학과 조화를 이룰 수 있다는 생각을 받아들이는 과학자들로부터 이야기를 듣게 될 것이다. 이 사람들은 과학과 신앙에 관련된 논란이 되는 이슈들이 발생할 때 다른 사람들과 다르게 행동한다. 그들은 내가 당신이 만나보기를 원하는 모범적인 사람들이다.[8]

나는 이 책을 특히 나 자신의 신앙 공동체, 즉 헌신적인 그리스도인들—특히 교회에 소속된 사람들—과 그들을 인도하는 목사들을

---

8   과거 몇 년 동안 나에게는 연구들을 머리글자들에 따라 작명하는 습관이 생겼다. 내가 연구를 위해 인터뷰하는 사람들은 연구 머리글자와 숫자로 구성되는 "응답자 코드"(respondent code)를 부여받는다. 응답 인용에 코드를 붙여두면 같은 응답자를 과도하게 인용하지 않을 수 있고, 특정한 응답자의 인구통계학적 정보를 쉽게 찾을 수 있으며, 데이터를 익명 처리할 수 있다. (나는 몇몇 응답자에게는 가명을 부여했고 이 책에 나오는 이름들은 가명들이지만, 나는 대다수 응답자를 그들의 이름이 아닌 가명으로 부르기 시작했다.) 내가 이 책에서 참조하는 구체적인 연구들은 다음과 같다. 과학 분야에 종사하는 그리스도인들을 대상으로 한 인터뷰에 기반을 둔 연구인 참된 변화(Real Change) 연구(RC), 8개국의 과학자들의 종교에 대한 태도에 관한 연구인 국제적 맥락에서 본 과학자들 사이의 종교 연구(Religion among Scientists in International Context study, RASIC), 종교인들이 과학과 과학자들을 어떻게 보는지를 조사한 미국에 기반을 둔 연구인 과학에 대한 종교적 이해(Religious Understandings of Science study, RUS) 연구, 휴스턴 거주 히스패닉계, 흑인, 한국인 그리스도인들의 인종, 평등, 과학에 대한 견해에 관한 인터뷰를 기반으로 한 연구인 종교, 불평등, 과학 교육(Religion, Inequality, and Science Education, RISE) 연구.

위해 기획했다. 나는 과학과 종교에 대한 자신의 견해를 공유한 전국 각지의 수백 명의 신자로부터 배운 내용이 당신에게 과학과 관련된 주제 및 신앙과 과학 사이의 관계에 대한 새로운 사고방식을 제공하기를 바란다. 당신이 교회에 출석하는 신자라면, 이 책은 당신에게 다양한 동료 그리스도인이 과학과 관련된 주제에 어떻게 접근하는지를 보여주고, 과학과 종교적 신념을 자신의 신앙 성장을 돕는 방식으로 조화시킨 그리스도인 과학자들과 비과학자들을 당신에게 소개할 것이다. 나는 이 책이 또한 당신 자신의 삶에서 과학과 종교 사이의 관계에 생산적으로 관여하는 습관을 발전시키는 데 도움이 되기를 바란다. 당신이 목회자라면 이 책은 교회 생활이나 설교, 성경 연구반에 과학에 관한 논의를 포함시키기 위한 자료로 쓰일 수 있으며, 일반적으로 당신의 교회에 소속되어 있는 사람들이 과학과 관련을 맺는 좀 더 나은 관행을 개발하도록 도와주는 자료가 될 수 있을 것이다.

이 책을 쓰기 시작할 때 나는 20여 년 전에 코넬 대학교의 학부생이었을 때 들었던 강의 내용을 적은 노트를 찾기 위해 내 집을 뒤졌다. 나는 노먼 크레츠만(Norman Kretzmann)이 철학자 토마스 아퀴나스(Thomas Aquinas)에 관해 가르쳤던 그 과목 수업에서 아퀴나스가 선을 향하는 경향이 있는 관행들 또는 습관들이라고 보았던 기독교의 미덕에 관해 깊이 생각하기 시작했다. 그리스도인들과 과학자들을 연구하고, 인터뷰하고, 그들과 협력하면서 나는 그들이 같은 미덕들을 많이 공유하고 있는 것 같다는 생각이 들었다. 이스트랜싱(East Lansing)에 있는 미시간 주립대학교의 철학자인 로버트 페녹(Robert

Pennock)이 미국 과학자들을 대상으로 "과학의 모범적인 실천에 있어 다양한 미덕의 중요성과 그 미덕들이 과학 공동체에 어떻게 전해지는가에 관해" 조사했을 때, 그는 과학자들이 과학은 호기심, 정직, 겸손 등을 포함하는 일련의 가치들에 기초해야 한다고 믿는 것을 발견했다.[9] 이 미덕들은 실제로 내가 속한 공동체를 포함하여 전국의 신앙 공동체에서 장려하고 개발하는 것과 똑같은 미덕들 가운데 일부다.

나는 과학과 종교 사이에 그 두 영역을 통합하는 데 도움이 될 수 있는, 공유된 다른 미덕들이 있는지 궁금해지기 시작했다. 일련의 공유된 미덕들이 그리스도인들이 과학자들과 소통하고 과학의 아이디어, 발견 내용, 과정들을 받아들이고 그것들과 관여하는 것을 좀 더 쉽게 만들 수 있을까? 우리 그리스도인들은 모든 미덕이 궁극적으로 하나님에게서 온다고 보지만, 어떤 미덕들은 기독교 공동체에서 더 잘 함양되고 다른 미덕들은 과학 공동체에서 더 잘 배양되는가? 그리스도인 과학자들이 종교적 미덕을 그들의 과학 공동체에 가져다주고, 과학적 미덕을 자신의 종교 공동체에 가져올 수 있는가? 나는 종교와 과학의 실천과 습관을 인도하는 핵심적인 미덕들이 우리가 생각하는 것보다 좀 더 유사하다고 믿는다. 하지만 몇 가지 중요한 차이들도 있다. 나는 과학과 신앙 사이의 관계를 논의하는 새로

---

9   Robert T. Pennock, "The Scientific Virtues Project," Michigan State University, 2019, https://msu.edu/~pennock5/research/SVP.html; "Character Traits: Scientific Virtue," *Nature* 532, no. 7597 (April 2016): 139, DOI:10.1038/nj7597-139a도 보라.

운 접근법을 제안하고자 한다. 나는 과학과 신앙을 단순히 아이디어들의 집합으로 보지 않고 사람들의 집단들로 보며, 과학자들과 그리스도인들이 공통의 미덕들을 공유하고 있는데 이 점이 밝혀지면 공통의 토대로 이어질 것이라고 확신한다. 나는 또한 우리의 신앙과 과학 사이의 공통적인 미덕들과 우리의 가치들이 어디서 달라지는지를 인식함으로써 우리 그리스도인들이 과학 및 과학자들과 좀 더 효과적이고 의미 있는 관계를 발전시킬 수 있다고 확신한다.

이 책의 처음 세 장은 미덕의 기초 요소—미덕들이 우리의 공동체에서 어떻게 생겨나고, 어떻게 인간이라는 사실이 무엇을 의미하는지의 일부인지—를 말해준다. 이 책은 4장부터 기독교의 8가지 핵심적인 미덕—호기심, 의심, 겸손, 창의성, 치유, 경외심, 샬롬, 감사—과 이러한 미덕들이 과학 공동체에서 어떻게 실천되는지를 탐구한다. 나는 호기심, 의심, 겸손, 창의성이라는 미덕이 과학 연구 과정에 매우 중요하며, 기독교 공동체의 핵심적인 부분이 되어야 한다고 주장한다. 치유, 경외, 샬롬, 감사라는 미덕은 과학과 신앙이 구속적인 실천에서 어떻게 협력할 수 있는지를 드러낸다.

이 책은 그리스도인들에게 그들이 과학자들과 공유하는 가치들을 보여주고, 그리스도인 과학자들이 그들의 과학 작업에서 종교적 가치를 어떻게 보는지를 보여주며, 기독교 공동체가 어떻게 그들이 과학 공동체와 공유하는 미덕들을 활용하여 과학 및 과학자들과 더 잘 연결될 수 있는지를 보여줄 목적으로 쓰였다. 나는 각 장의 끝에 평신도들과 목회자들이 계속 토론하는 데 사용할 수 있는 질문들을 제공할 것이다.

성경이 말하듯이 "사랑 안에 두려움이 없고 온전한 사랑이 두려움을 내쫓는다"(요일 4:18). 두려움이 분노와 소외로 이어질 필요가 없다. 우리는 한발 물러서서 덜 성급하게 대응하고, 좀 더 명확하고 현명하게 생각하며, 우리와 과학 사이의 관계를 개선하기 위해 일할 수 있다. 나는 그리스도인들이 과학 공동체와 기독교 공동체가 공통으로 가지고 있는 미덕들에 초점을 맞추는 새로운 접근법을 통해 과학을 향한 새롭고 풍부한 사랑을 키울 수 있다고 믿는다.

─────────── 추가 토론 ───────────

1. 당신의 교회에서 신앙과 과학에 관련된 주제들에 관여하는 관행들에 관해 이야기해 보라. 당신의 교회의 목사나 교회의 다른 지도자들은 설교에서 신앙과 과학에 관해 뭐라고 말하는가?
2. 주일학교 수업이나 다른 교육 과정에서 과학과 신앙에 관련된 어떤 주제들이 논의되는가?
3. 당신의 교회에서 과학이 전혀 논의되지 않는다면 그 이유는 무엇인가?
4. 두려움과 관련하여 과학과 신앙을 논의하라. 과학이 두려움을 일으킨다면 어떤 유형의 두려움을 일으키는가?

겹치는 공동체

플라스마 과학자인 제임스는 자신의 연구가 자신의 신앙을 확인하고 자신의 신앙이 자신의 연구를 확인한다고 믿는 복음주의 그리스도인이다. 우리가 만났을 때 그는 영적 소명으로서의 자신의 과학 연구에 대해 말했다. 그는 자신의 영성이 이 연구를 계속하도록 그를 격려했다고 믿는다. 그는 다음과 같이 말한다. "과학자로서 내 관점에서 볼 때 예수의 부활이 과학적으로 불가능하다는 사실이 그것을 이례적인 사건으로 만들어 주고, 자신이 하나님의 아들이며 우리가 부활에서 소망을 갖도록 자신이 우리의 죄를 위해 죽었다가 부활하셨다는 그의 주장을 뒷받침한다는 것을 내가 이해할 수 있게 해주기 때문에 내게는 과학이 필요합니다."[1]

---

[1]　RC_05, 플라스마 물리학, 연구 교수, 남성, 복음주의자, 2018년 3월 7일 인터뷰. 제임스는 그리스도인인 과학자들이 자신의 신앙과 과학 연구 사이의 관계를 어떻게 이해하는지에 관한 연구인 참된 변화 연구(Real Change study, RC)의 일환으로 인

제임스는 그의 동료들이 자신의 신앙을 인정하는 것 같다고 말한다. 그는 웃으면서 "나는 사무실 벽에 '주여, 속도를 늦추게 하소서' 같은 포스터를 붙여 놓았는데, 가끔 내가 너무 열심히 일할 때 벽에 붙어 있는 그 포스터를 읽어야 한다는 사실에 대해 그들이 종종 나를 놀립니다"라고 말한다. 제임스는 또한 자신의 과학 연구가 교회 지도자들이나 신자들에게 문제가 되지 않는 교회에 출석하는 것이 행운이라고 생각한다. 그는 자기 교회의 목사가 강단에서 과학과 신앙 사이의 관계에 대해 말한 몇 가지 사례를 열거하고, 그 목사가 심지어 주일학교 수업이나 다른 교회의 패널 토론에 그를 포함하여 다른 과학자들을 초대하기도 했다고 말했다. 제임스는 다른 신자들과의 토론에서 자신의 과학 연구를 직접 다루었으며, 그들이 이 대화를 매우 잘 수용했다고 말한다.

제임스는 과학자들의 공동체와 그리스도인들의 공동체라는 두 개의 다른 공동체에 소속되어 있다. 제임스와 나눈 대화는 내게 두 공동체 안에서의 과학과 신앙에 대한 태도가 별도로 그리고 독립적으로 확립되었으며 이 태도가 두 공동체 사이의 관계에 영향을 미친다는 점을 상기시켜 주었다. 이 공동체들 안에는 핵심적인 미덕들도 확립되어 있으며, 우리는 우리 자신이 속한 공동체의 핵심 미덕과 가치 및 그것들을 실천하기 위한 전략을 우리 주위의 사람들로부터 배운다. 우리는 미덕들이 기능을 잘 수행하는 공동체들을 하나로 묶는 접착제라고 생각할 수 있을 것이다. 그리스도인인 과학자들은 과학적

터뷰되었다.

미덕들과 기독교적 미덕들을 모두 발전시켰고 때로는 유사성을 인식하고 때로는 긴장을 느끼며 때로는 한 공동체의 미덕들을 다른 공동체에 가져다주기 때문에 특별해질 수 있는 잠재력을 지니고 있다.

과학 분야의 그리스도인

여전히 많은 그리스도인 과학자가 자기가 과학계에서 소외감을 느낀다고 말한다. 내가 인터뷰한 몇 사람은 신앙을 과학적 이해를 제한하는 요인으로 보는 것 같은 동료들에게 꼬치꼬치 조사받는 느낌을 받는다고 말한다. 어떤 이들은 일부 동료들이 신앙과 신앙인들에 대해 지니는 부정적인 태도와 고정관념 때문에 직장에서 불편을 느낀다고 말한다.

　나는 대학 밖에서 연구와 개발에 종사하는 미국 과학자들을 대상으로 연구를 수행했을 때 복음주의 과학자들이 다른 복음주의자들에 비해 과학자들이 종교에 대해 적대적이라고 믿을 가능성이 훨씬 크다는 것을 발견했다.[2] 많은 복음주의 과학자들은 신앙이 없는 과학자들이 복음주의 신앙이—다른 형태의 기독교 신앙보다 훨씬 더—과학 연구와 엄밀성을 훼손할 가능성이 있다고 생각하기 때문에 자신들을 의심한다고 믿는다. 내가 신앙이 없는 과학자들을 대상

2　Elaine Howard Ecklund and Christopher P. Scheitle, *Religion vs. Science: What Religious People Really Think* (New York: Oxford University Press, 2017), 65을 보라.

으로 수행한 인터뷰들은 이 견해를 뒷받침한다. 예를 들면 생물학을 전공하는 한 대학원생은 복음주의 그리스도인 동료를 다음과 같이 묘사했다.

> 그녀는 항상 하나님과 예수가 삶의 전부이며, 온종일 예수에 관해 말하는 사람입니다. 그녀는 자기주장이 매우 강하고, 종종 하나님이 얼마나 위대한 존재인지에 대해 말하거나 이러저러한 일들로 인해 "예수님, 감사합니다"라고 말하곤 합니다.…[그리스도인인 과학자들은] 동료들이 자기를 비웃거나 그들이 자신의 과학 연구와 객관성에 의문을 제기하리라는 것을 알기 때문에 침묵을 유지합니다.…하지만 나는 그녀가 사물을 이해하는 방식에 모순이 있음을 확실히 압니다. 그녀의 연구 자체는 훌륭하지만, [그녀의 신앙] 때문에 어느 정도 깊은 수준의 사고에는 결코 이르지 못할 것입니다.[3]

종교에 대한 과학자들의 태도를 연구한 내 경험에 비추어 볼 때, 그리스도인 과학자가 자신의 일터에서 신앙에 관해 이렇게 많이 말하는 사례는 매우 이례적이다. 그러나 종교가 없는 과학자들은 대개 복음주의 그리스도인 과학자들의 신앙 때문에 그런 과학자들의 과학 연구의 질이 손상될 **수도 있다**고 생각한다. 위에 언급된 과학자들과의 대화들은 그런 고정관념을 확인해 준다.

---

3   RASIC_US03, 생물학, 대학원생, 여성, 2015년 3월 2일 인터뷰. 이 응답자의 인터뷰는 국제적 맥락에서 본 과학자들 사이의 종교(Religion among Scientists in International Context, RASIC) 연구의 일환으로 수행되었다.

예를 들어, 복음주의 그리스도인인 어느 물리학 교수는 "나는 전문직에 종사하는 내 동료들과 격의 없이 대화할 때 그들이 신앙인들에 대해 믿을 수 없을 정도로 무지하고 고정관념에 사로잡힌 말을 하는 일이 매우 흔하다는 것을 알게 되었습니다"라고 말했다.[4] 유전학 분야에서 일하는 어떤 과학자는 과학 분야에서 일하는 그리스도인들은 그들의 학문에 초점을 맞추기보다는 무엇보다도 자신의 신앙을 전파하기 위해 노력한다는 인상을 받았으며, 자기가 보기에 일부 비그리스도인 과학자들은, 특히 복음주의 과학자들이 과학계에서의 자신의 위치를 이용하여 "학계의 선봉에서 세속적인 사상을 해체"하기 위해 노력하고 있다고 본다고 말했다.[5] 그리스도인인 다른 과학자들은 종교가 없는 과학자들은 "자신에게 일리가 있고 자기가 신뢰할 수 있는 그리스도인들을 만난 적이 없기 때문에" 그런 태도를 보이는 것일 수도 있다고 말한다.[6] 종교가 없는 과학자들은 복음주의자인 과학자들—혹은 과학적 관념에 우호적인 복음주의 그리스도인들—을 개인적으로 많이 알지 못하기 때문에 그런 고정관념이 계속된다.

내 연구들 가운데 하나에서 얻은 결과는 미국의 복음주의 과학자들 가운데 상당수—약 32퍼센트—가 직장에서 종교적 차별을 느끼고 있음을 보여준다.[7] 이 수치는 과학자가 아닌 복음주의자들이

---

4   RC_10, 물리학, 교수, 여성, 복음주의자, 2018년 3월 29일 인터뷰.

5   RC_07, 유전학, 부교수, 남성, 복음주의자, 2018년 3월 9일 인터뷰.

6   RC_03, 생물학, 부교수, 남성, 복음주의 언약교회, 2018년 2월 19일 인터뷰.

7   예를 들어, Christopher P. Scheitle and Elaine Howard Ecklund, "Perceptions of

2장 겹치는 공동체   39

직장에서 종교적 차별을 느끼고 있다고 보고한 21퍼센트보다 훨씬 높은 수준이다. 과학자들을 대상으로 한 내 조사에서도 미국의 개신교 신자인 과학자들과 무슬림 과학자들이 다른 과학자들보다 직장에서 종교적 차별을 경험했다고 느낄 가능성이 크다는 것이 밝혀졌다.[8] 실제로 미국의 개신교 신자인 과학자들의 40%가 직장에서 어느 정도 종교적 차별을 경험했다고 말한다. 무슬림 과학자들 사이에서는 그 비율이 훨씬 높았다(57%). 비교하자면 개신교 신자나 무슬림이 아닌 과학자들의 11퍼센트만이 종교적 차별을 경험했다고 보고했다. 내 동료인 크리스 셰틀레(Chris Scheitle)와 나는 물리학자들 사이에서 개신교 신자들과 무슬림들이 겪는 종교적 차별의 비율이 높은 것은 그들의 종교 활동 수준이 높다는 사실과 관련이 있음을 발견했다. 그러나 진화나 인간 배아 줄기세포 연구 같은 주제들을 두고 과학과 종교 사이의 긴장이 좀 더 공개적이고 두드러진 생물학 분야에서 우리는 "특정한 종교적 전통과 자신을 동일시하는 것조차도 전문가 집단의 규범 위반이 되고, 한 생물학자를 '우리'에서 '그들'로 전환시킬 수 있다"는 것을 발견했다.[9]

나는 과학 분야에서 일하는 그리스도인으로서 차별을 경험한

Religious Discrimination among U.S. Scientists," *Journal for the Scientific Study of Religion* 57, no. 1 (2018): 139-55을 보라.

8   Elaine Howard Ecklund, David R. Johnson, Brandon Vaidyanathan, Kirstin R. W. Matthews, Steven W. Lewis, Robert A. Thomson Jr., and Di Di, *Secularity and Science: What Scientists around the World Really Think about Religion*(New York:Oxford University Press, 2019)을 보라.

9   Scheitle and Ecklund, "Perceptions of Religious Discrimination," 153.

적은 **없지만** 신앙 때문에 동료들이 자신을 다소 다르게 대하거나 바라보는 것 같다고 말한 복음주의 및 비복음주의 그리스도인 과학자들도 만났다. 어느 과학자는 "내 기독교 신앙을 호기심 혹은 아마도 말로 표현하기 어려운 괴짜로 보는 사람들이 있습니다"[10]라고 말했다.

　제임스와 마찬가지로 몇몇 그리스도인 과학자는 자신의 신앙이 종종 직장에서 드러나지 않는다고 말한다. 많은 그리스도인 과학자가 자기의 동료들이 자신의 동료들 중 일부가 종교를 갖고 있다는 것을 알지 못하거나 그 사실에 놀란다고 말한다. 한 복음주의 물리학 교수는 "놀랍게도 과학자들 대다수가 자기들이 실제로 독실한 신앙인 몇 명을 알고 있음을 전혀 깨닫지 못합니다"라고 말했다.[11]

　일부 그리스도인 과학자는 자신이 신앙인이라는 사실이 알려졌을 때 비종교인 과학자들이 어떻게 반응하는지에 대해 기분 좋은 놀라움을 표하며, 과학 공동체가 신앙을 어떻게 판단하는지에 대한 자신의 인식을 재검토한다. 생물학 연구원인 사라는 "나는 사람들이 얼마나 관대할 수 있는지에 대해 놀랐습니다. 나는 내 경험을 통해 판단할 때 과학자들이 종교인들을 괴롭히지 않는다고 종교인들에게 말해야겠다고 생각합니다"라고 말한다.[12] 그리스도인 과학자들이 종교가 없는 동료 과학자 모두가 신앙인들에게 적대적이지는 않다는

10　RC_09, 생물학, 교수 겸 학과장, 남성, 기독교 개혁교회, 2018년 3월 22일 인터뷰.

11　RC_10, 물리학, 교수, 여성, 복음주의자, 2018년 3월 29일 인터뷰.

12　RC_08, 진화생물학 및 기후변화, 연구원, 여성, 기독교 개혁교회, 2018년 3월 21일 인터뷰.

것을 발견하면, 자신의 신앙에 대해 좀 더 많이 말하기 시작할지도 모른다.

교회 공동체 안의 과학자들

연구에 따르면 지난 30년 동안 교회에 규칙적으로 출석하는 사람들 사이에서 과학에 대한 신뢰가 꾸준히 감소해 왔지만,[13] 나는 연구를 통해 미국의 그리스도인들이 과학 자체보다 과학자들에 대해 좀 더 회의적인 경향이 있음을 발견했다. 그리스도인들은 종종 과학적 발견의 함의에 관해서보다는 과학자들의 의제와 목표에 관해 더 염려한다고 말한다. 내가 인터뷰한 한 과학자는 다음과 같이 말한다. 교회에 다니는 사람들은 때때로 과학자들이 "과학으로 그리스도인들을 위협한다고 예상합니다. 그러면 그리스도인들은 당연히 화가 나고 과학이 자신의 신앙의 오류를 입증하는 핵심에 위치하는 어떤 것이라고 간주하기 시작합니다."[14]

아이비리그의 대학에서 가르치고 있는 어느 복음주의 과학자는 "과학과 신앙 사이의 풍요로운 협력의 역사가 있는데 그것이 무시되고 있습니다"라고 말한다. 그는 불화하는 주체는 사실 **"과학자들**과

---

13   Gordon Gauchat, "Politicization of Science in the Public Sphere: A Study of Public Trust in the United States, 1974-2010," *American Sociological Review* 77, no. 2(2012): 167-87.

14   RC_05, 플라스마 물리학, 연구 교수, 남성, 복음주의자, 2018년 3월 7일 인터뷰.

종교인들"이라고 말했다. 그는 다음과 같이 설명했다. "나는 종교인들을 소외시키려는 의제나 시도가 있을지도 모른다는 두려움이 존재한다고 생각합니다. 그리고 나는 우리의 역사에서…우리를 서로 갈라놓는 아주 깊은 균열이 존재하는 이 지점까지 이르게 한 일들이 발생했다고 생각합니다."[15]

몇몇 그리스도인은 과학자들이 과학을 통해 특히 기독교를 반박하는 것을 목표로 한다고 생각한다. 내가 인터뷰한 어떤 복음주의 그리스도인 여성은 "나는 [과학자들이] 땅속에서 뼛조각을 발견하여 이것이 빠진 연결고리이며 진화를 증명하는 증거이고, 우리는 드디어 역겨운 그리스도인들의 입을 다물게 할 수 있게 되었다고 말하리라고 생각합니다"라고 말했다.[16] 나는 그들의 자녀들이 자신의 신앙을 포기하게 할 과학자들을 만날 것을 우려하는 그리스도인 부모들을 만났다. 나의 어떤 조사에서 복음주의 그리스도인의 25%가 대학이나 대학교들을 "거의 신뢰하지 않는다"라고 응답했다.[17]

진화와 기후변화를 연구하는 생물학자인 사라는 그녀에게 그리스도인이 되는 것과 과학자가 되는 것 중 하나를 선택해야 한다고 말한 신앙 공동체에서 성장했다.[18] 그녀는 과학 분야에서 일하는 것을

15　RC_07, 유전학, 부교수, 남성, 복음주의자, 2018년 3월 9일 인터뷰, 강조는 그의 것임.

16　RUS_Mid-High/High SES Evangelical Church Houston Int5, 2011년 7월 5일 인터뷰. 이 인터뷰는 종교인의 과학 이해(Religious Understandings of Science, RUS) 연구의 일환으로 수행되었다.

17　이 데이터의 출처는 종교인의 과학 이해 연구(2013-14)다. 이 연구에 따르면 비종교인의 17퍼센트가 대학이나 대학교를 전혀 신뢰하지 않는다.

18　RC_08, 진화생물학과 기후변화, 연구원, 여성, 기독교 개혁교회, 2018년 3월 21일

방해받지 않았지만 자기 교회에 출석하는 다른 사람들은 과학자가 되는 것이 헌신적인 그리스도인, 특히 여성 그리스도인이 택할 수 있는 진로가 아니라고 믿게 되었으리라고 추측한다. 그녀는 자신의 많은 동료 신자가 자기를 일반적이지 않은 존재로 보고 있으며, 그녀가 어떻게 자신의 일과 신앙을 조화시키는지 이해하기 어려워한다고 말했다. 그리스도인인 어느 물리학 교수도 다소 조심스럽게 "나는 교회에서 과학자라는 사실에 대해 지지를 받은 경험이 없습니다. 나는 대다수 교회에서 과학 연구에 대한 지지를 받은 경험이 있는 사람은 아무도 없으리라고 생각합니다"라고 말했다.[19]

그러나 나는 자신이 속한 교회에 신앙과 과학 사이의 좀 더 협력적인 관계가 존재한다고 **생각하는** 몇몇 과학자를 만났다. 그들의 교회가 자기의 과학 연구를 지지한다고 느낀 많은 과학자가 이런 태도를 가능하게 만든 이유로 교회의 규모, 회중의 구성, 질문과 토론을 장려하는 환경 등을 제시했다. 내가 인터뷰한 어느 생물학자는 자기가 출석하고 있는 교회에서 자신이 가치 있는 존재로 대우받는다는 느낌을 받고 있으며, 교회의 지도자들이 자기의 견해를 듣는 것을 감사하게 여긴다고 말했다. 그는 다음과 같이 말했다. "나는 이곳에서 '과학을 하는 사람'으로 쓰임을 받는 경향이 있습니다. 즉 과학과 기독교 신앙에 관한 강의가 필요할 때―학생들을 위한 (캠퍼스) 사역이든 주일학교 사역이든―그들은 내게 '이 주제에 대해 강연해 주시겠

인터뷰.

19   RC_10, 물리학, 교수, 여성, 복음주의자, 2018년 3월 29일 인터뷰.

습니까?'라고 요청합니다."[20] 한 의과대학 교수도 그의 동료 신자들이 그의 과학 연구와 견해를 어떻게 가치 있게 생각하는지를 비슷하게 설명했다. "그들은 내가 과학자라는 것을 알았을 때, 그것을 진심으로 받아들였습니다. 그들은 실제로 그 사실을 통해 격려를 받았고, 관심을 보였으며 '오, 당신은 의사이면서 신자이군요. 당신은 과학을 하면서 신앙을 가지고 계시네요. 정말 멋져요. 당신이 하는 일에 대해 더 말씀해 주세요'라고 말합니다."[21]

진화생물학자인 제이미는 과학에 대해 긍정적인 태도를 지닌 교회에서 자랐다. 그녀는 "목사님들과 주일학교 교사들에 대한 내 인상은 그들이 [과학자로서] 세상을 이해하는 것도 하나님께 영광을 돌리는 방법의 하나라고 생각한다는 것이었습니다"라고 말했다. 현재 그녀가 출석하는 교회는 자신의 과학 연구를 "적극적으로 지지"하고 있으며, 그녀를 전문가이자 훌륭한 자원으로 여겨 그녀에게 과학에 관한 주제를 설명하고 고정관념을 몰아내기 위해 주일학교 수업과 회중들을 위한 청소년 강좌를 인도해 달라고 요청하고 있다. 그녀는 교회에서 이런 식으로 격려를 받는 것은 자기가 이전에 출석했던 다른 교회들에서는 받아보지 못했던 다소 이례적인 경험이라고 말했다. 그녀는 자신이 속한 신앙 공동체가 좀 더 많이 배우기 원하도록 동기를 부여한 요인이 무엇인지 모르지만, 담임 목사가 자기에게 진화에 대한 주일학교 수업을 인도해 달라고 부탁했던 일을 기억

---

20   RC_09, 생물학 교수 겸 학과장, 남성, 기독교 개혁교회, 2018년 3월 22일 인터뷰.
21   RC_06, 면역 및 류머티즘 부교수, 남성, 복음주의자, 2018년 3월 8일 인터뷰.

한다. 그녀는 "입교(confirmation) 문답을 하는 학생들의 부모들은 열서너 살이 된 자기 자녀들이 학교에서 진화가 신앙인들에게 문제가 되며 따라서…이 학생들이 과학자가 되고 싶다면…신앙을 지키는 것이 좀 더 힘들 수도 있다는 학교의 관점을 받아들일까 봐 큰 스트레스를 느끼고 있었습니다"라고 기억했다.[22]

다른 그리스도인 과학자들은 그들이 속한 교회 공동체가 자기를 지지할 수 있다고 믿지만, 아직 교회에서 자신의 과학 연구에 대해 논의하기를 편하게 생각하지 않는다고 말했다. 어떤 화학 교수는 "교회에서 종종 과학 때문만이 아니라 부분적으로는 과학자들 때문에도 자녀들이 대학교로부터 보호받을 필요가 있다는 견해가 존재했었습니다"라고 말했다. 그녀는 자기 교회에서 사람들이 과학자들에 대한 두려움에 관해 말하고 있을 때 자기가 그곳에 있었기 때문에 이것을 아이러니하다고 생각했다. 그녀는 계속해서 다음과 같이 말했다. "나는 교회에서 열 살짜리 내 딸과 함께 옆자리에 앉아 있었던 과학자였고, [그들이 말하고 있었던] 바로 그 대학교의 교수였습니다."[23]

흔하지 않은 암을 앓고 있는 아동을 치료하는 한 의과대학 교수는 자기의 과학 연구에서 많은 요인과 씨름하고 있다고 말했다. 그리고 그는 자기 교회의 목사와 이야기를 해야 한다고 생각하지만 어떻게 대화해야 할지를 알지 못했다.

---

22 RC_02, 진화생물학, 부교수, 여성, 그리스도인, 2018년 2월 14일 인터뷰.
23 RC_01, 물리 화학, 교수, 여성, 침례교 신자, 2018년 2월 14일 인터뷰.

나는 그에게 가서 "목사님, 나는 참으로 이 문제와 씨름하고 있습니다"라고 말할 수 있으면 좋겠습니다.…나는 이런 문제에 대해 그의 조언을 구하지 않기 때문에 어쩌면 내가 상처를 받을 각오를 하고 좀 더 적극적으로 말할 필요가 있을지도 모릅니다[웃음].…나는 [과학 연구와 교회 생활이] 상당히 분리된 것 같습니다.…나는 [아동을 치료하는 문제나 혹은 다음 단계에는 어떤 과학을 적용해야 하는지에 관한] 어려운 결정을 내릴 때 반드시 영적 지도자들의 도움을 구하지는 않습니다. 나는 대신 내 동료들과 과학의 도움을 구합니다.[24]

어느 그리스도인 생물학자는 내게 다음과 같이 말했다.

우리는 현재 과학과 기독교 신앙에 관한 4주짜리 성인 교육 과정을 마무리 중인데, 나는 그 과정의 일부로 인터뷰하게 될 것입니다. 그래서 나는 전반적으로 가치를 상당히 인정받고 있다고 느낍니다. 하지만…나는 과학계에 종사하는 많은 그리스도인이 교회 안에서의 삶에 관해 말하는 내용에 공감합니다. 그들은 교회에서 기독교 신앙과 그들이 직업으로 삼고 있는 과학에 관한 생각을 말하거나 그들이 하는 일의 결실을 자주 공유할 기회가 없다는 점에서 다소 외로움을 느끼고 있습니다.[25]

---

24   RC_06, 면역 및 류머티즘, 부교수, 남성, 복음주의자, 2018년 3월 8일 인터뷰.
25   RC_09, 생물학, 교수 겸 학과장, 남성, 기독교 개혁교회, 2018년 3월 22일 인터뷰.

내가 지난 몇 년 동안 인터뷰한 많은 그리스도인 과학자는 교회에서 자신의 과학 연구에 관해 이야기하지 않으면서 "은밀하게 과학 연구"를 수행하고 있음을 강조한다. 이런 상황이 된 이유 중 일부는 아무도 그들에게 그런 연구에 관해 이야기해 달라고 초대하지 않기 때문이다. 그들이 은밀하게 과학 연구를 수행하다 보니 교회에 다니는 사람들은 자기 교회에 과학자가 아무도 없다고 믿는다. 그러나 실상은 과학과 신앙 사이의 대화를 위한 최고의 적임자는 바로 신도석에 앉아 있는 과학자들일 것이다.

협력과 공동체

내가 미국의 성인들을 대상으로 과학과 종교 사이의 관계를 조사했을 때 14%가 과학과 종교가 충돌하는 것으로 보고 있으며 자신은 종교 편에 서 있다고 응답했다. 이는 그들이 종교와 과학 사이에 의견이 일치되지 않는 사례를 인식할 경우 자신의 신앙이 가르치는 내용을 지지하리라는 것을 의미한다. 복음주의자들 사이에서는 그 수치가 25%로 상승한다. 그러나 더 놀라운 발견은 많은 복음주의 그리스도인이 과학과 종교가 필연적으로 충돌한다고 믿지 않는다는 것이다. 내가 조사한 바에 따르면 그들은 일반인들보다 과학과 종교가 협력할 수 있다고 생각할 **가능성이 더 크다**. 전체 미국 성인 중 38%는 과학과 종교가 서로를 뒷받침하는 데 사용될 수 있으며, 그 두 영역 사이의 협력이 가능하고 유익하리라고 믿는다. 복음주의 그리스도인들 사이에서는 그렇게 생각하는 비율이 46%로 올라간다. 복음주의 그리스도인인 **과학자들**은 과학과 종교 사이의 협력이 가능하고 그런 협력이 유익하다고 믿을 가능성이 훨씬 더 크다. 그들 중 거의 60%가 두 영역 사이의 협력에 대한 지지를 표명한다. 대학교 밖에서 일하는 과학자들을 대상으로 조사했을 때, 나는 일반적으로 좀 더 많은 과학자가 과학과 종교 사이의 관계가 충돌하거나 완전히 독립적인 관계라기보다는 협력관계라고 믿는다는 것을 발견했다.[26]

나와 이야기를 나누었던 면역학 분야의 한 과학자가 자신은 과학과 신앙은 다른 쪽이 채울 수 없는 빈틈을 채우거나 다른 하나가 대답할 수 없는 질문에 대한 답변을 제공할 수 있다고 생각한다고 말했다. 그는 "종교나…영성 혹은 성경이 근저의 답변이 무엇인가에 관한 이해에 빛을 비춰주지 못하는 영역이 분명히 존재합니다. 하지만 모든 과학 분야, 수학 방정식도 어느 지점에서는 붕괴합니다"라고 말했다.[27]

또 다른 과학자는 "내가 과학자라는 점이 내가 신학에 대해 깊이 생각하도록 도움을 주었습니다"라고 말했다. 30년 동안 과학자로 일한 그는 다음과 같이 말했다. "과학자들이…매우 잘하는 일 중 하나는 가설들을 살펴보고, 그 가설들을 자기가 보유하고 있는 경험적 데이터에 비추어 검토하는 것입니다. 때로는 그들의 가설이 데이터를 완전히 설명하지 못하며, 따라서 그들은 자기의 가설을 다소 느

---

26 이 단락에서 언급된 통계 수치는 종교인의 과학 이해(Religious Understandings of Science, RUS) 연구에서 입수한 데이터 분석에 기초하고 있다.

27 RC_06, 면역 및 류머티즘, 부교수, 남성, 복음주의자, 2018년 3월 8일 인터뷰.

슨하게 유지해야 합니다. 그리고 나는 그것이 내가 내 기독교 신앙에 관해 생각하고, 그리스도인들이 기독교 신앙에 대해 생각하기 위해 만들어내는 신학적 구성 개념에 관해 생각할 때 내게 큰 가치가 있었다고 생각합니다."[28] 이 과학자는 신학적 구성 개념과 과학적 구성 개념 모두를 느슨하게 유지하고 그것들의 진리를 의심하지는 않지만, 그것들에 대한 자신의 이해에 본질적으로 한계가 있음을 겸허하게 예상하기 시작했다. 한 유전학 교수는 자신이 일하고 있는 대학교에서 유전학 대학원과 신학 대학원을 연결하려는 자기의 노력에 대해 내게 말했다. 그녀는 "[각 분야를 가르치는 사람들을 통해] 과학과 영성을 결합하려는" 자신의 목표에 관해 학장과 대화할 예정이다.[29]

복음주의자인 어느 과학자는 내게 자기가 보기에 "교회는 기본적으로 과학에 대한 두려움을 버릴 필요가 있습니다"라고 말했다. 그는 다음과 같이 말했다. "교회와 과학 모두 진리에 관심이 있습니다. 교회와 과학은 진리의 다소 다른 측면들이긴 하지만, 나는 어느 한쪽이 다른 쪽을 적대적으로 볼 필요는 없다고 생각합니다. 그리고 나는 과거에 교회가 저지른 몇몇 탄압 때문에 과학이 어떤 기분일지 이해합니다. 따라서 어쩌면 양쪽 모두…어느 정도 용서해야 할 필요가 있을지도 모릅니다."[30]

로버트 페녹이 수행한 과학의 미덕에 관한 연구가 우리에게 보

28　RC_09, 생물학, 교수 겸 학과장, 남성, 기독교 개혁교회, 2018년 3월 22일 인터뷰.

29　RC_04, 유전학, 교수, 여성, 그리스도인, 2018년 3월 4일 인터뷰.

30　RUS_High SES Evangelical Church Houston Int5, 2012년 7월 22일 인터뷰.

여준 것처럼, 과학계에 종사하는 사람들은 호기심과 겸손처럼 많은 기독교 공동체에서 장려하고 있는 유사한 핵심 미덕들을 가질 수 있다.[31] 내 연구는 창의성, 경외, 기쁨, 감사 등 두 공동체 사이에 공통으로 존재하는 다른 미덕들을 발견했다. 두 공동체 모두 그들 주위의 세상을 치유하기 위해 노력한다. 교회들은 그리스도인 과학자들이 성인 교육반, 설교, 가르침, 그들의 일과 지식을 다른 사람들과 공유할 수 있는 다른 공적인 역할을 통해 두 공동체 사이에 공유되고 있는 이런 미덕들을 강조할 수 있는 장소가 되어야 한다.

공동체들은 믿을 수 없을 정도로 중요하다. 한 연구는 우리가 자신과 비슷하다고 인식하는 사람들을 좀 더 도덕적이고 신뢰할 수 있고 유능하다고 판단하며, 자신을 우리가 속해 있는 공동체의 일원이거나 우리의 가치를 공유하는 사람들과 비슷하다고 보는 경향이 있음을 보여주었다.[32] 실로 이 연구는 개인에게 장기적인 변화를 낳기 위해서는 **공동체들**에 참여하는 것이 매우 중요하다(그리고 종종 필요하다)는 것을 보여준다.

어떤 연구는 또한 사람들이 과학 전문가가 자신의 가치들을 공유한다고 믿을 때 그 전문가의 결론들을 받아들일 가능성이 더 크다는 것을 보여준다.[33] 그리스도인들과 과학자들이 공통으로 지니는

---

31 예를 들어, "Character Traits: Scientific Virtue," *Nature* 532, no. 7597 (April 2016): 139, DOI:10.1038/nj7597-139a를 보라.

32 Scotty Hendricks, "You Morally Elevate People Like Yourself, Study Finds," Big Think, August 31, 2018, https://bigthink.com/scotty-hendricks/the-mere-liking-effect-why-you-trust-people-who-are-like-you.

33 Michael Siegrist, George T. Cvetkovich, and Heinz Gutscher, "Shared Values, Social

가치들과 미덕들에 집중함으로써 그리스도인인 과학자들은 **경계 개척자**(boundary pioneer)로서 행동하여 자신의 신앙 공동체 구성원들이 과학 공동체 구성원들과 좀 더 잘 연결되고 협력하며 대화할 수 있도록 돕고, 과학 공동체가 신앙 공동체들과 좀 더 잘 연결되도록 도울 수 있다.

몇 년 전에 내가 출석하고 있는 교회는 "교회 안의 과학자들"(Scientists in Congregations)이라는 프로그램으로부터 후원금을 받았다.[34] 그 후 그 교회는 교회 안의 과학자들이 자신의 과학 연구 및 과학과 신앙에 관한 그들의 관점과 그들이 겪는 갈등을 말하는 일련의 프로그램을 운영하고 있다. 그 교회는 또한 세상의 기원에서 하나님의 역할, 창조와 진화, 생명의 의미와 신성함, 인간 됨의 의미, 우리가 과학과 신앙 사이의 관계에 어떻게 접근할 수 있는지 등 중요한 과학과 종교 관련 주제들에 관해 세계적으로 유명한 과학자들의 강연을 들었다.

처음에는 신자들이 주저했다. 일부는 그 프로그램이 어떻게 받아들여질지 그리고 교인들의 신앙에 어떤 영향을 미칠지 우려했다. 그러나 그 프로그램은 큰 성공을 거뒀다. 우리 교회의 과학자이자 교회 안의 과학(science-in-congregations) 기획 위원회 위원인 한 과학자는 내게 이렇게 말했다. "나는 항상 [과학자로서] 내가 하는 일이 내 실

Trust, and the Perception of Geographic Cancer Clusters," *Risk Analysis* 21, no. 6 (2001): 1047-54.

34   http://www.scientistsincongregations.org에서 Greg Cootsona와 David Wood가 이끄는 Scientists in Congregations의 많은 자료를 보라.

제 신앙과 완전히 별개이거나 '해결되어야 할' 어떤 일로 생각했습니다. 하지만 과학과 기독교 신앙의 양립 가능성에 대한 내 관점을 제시함으로써 나는 내 일과 기독교 신앙이 어떻게 깊이 통합될 수 있는지 이해하게 되었습니다." 성인들과 청소년들 모두 열정적이고 사려 깊게 토론에 참여했고, 성인 교육 과정 참가자 숫자는 3배가 되었다. 제시된 관점에 동의하지 않은 참가자들도 교양 있고 개방적인 태도로 프로그램에 참석했고, 동의하지 않으면서 계속 대화에 참여하기로 약속했다. 한 교인은 이 프로그램을 진행하는 동안 분열을 초래할 수 있는 문제를 생각함으로써 앞으로 과학과 종교에 관련된 논쟁에 직면할 경우 그녀가 "자리를 떠나지 않고 계속 대화할 수 있는" 방법을 배웠다고 말했다. 그녀는 그 프로그램이 신자들이 알고 있고 신뢰하는 교회 구성원들의 전문성을 활용했기 때문에 특히 의미 있고 효과적이라고 생각했다. 달리 말하자면 비록 세계에서 가장 훌륭한 과학자 가운데 몇 명이 그 프로그램에 참여하도록 초대되었지만, 그 프로그램이 성공한 열쇠는 실제로 신자들 자신의 공동체 안에 있는 과학자들이었다.

과학과 신앙에 대한 논의에서 특히 자신의 향후 교육 방향과 진로를 고려하고 있는 젊은 교인들이 참여할 필요가 있다. 한 생물학자는 자신의 교회가 몇 년에 한 번씩 "과학 및 기독교 신앙에 관한 종일 세미나를 열고 있는데…몇몇 과학자를 초청하여 자연 세계가 얼마나 놀라운지에 대해 이야기하여 대학생들을 발견의 기쁨에 잠기게 하려고 노력합니다"라고 말했다.[35] 내가 출석하는 교회에서 "교회 안의 과학자들" 프로그램을 운영한 경험을 통해, 나는 특히 젊은이들이 과학과 신앙의 접점에 관해 더 많이 듣고, 진정한 투쟁에 대해 솔직한 대화를 나누고 싶어 한다는 사실을 발견했다.

과학자들은 다양한 방식으로 교회의 프로그램에 참여할 수 있다. 한 과학자는 "과학자로서 나의 삶"이라는 제목으로 자신이 신자들에게 강연한 경험에 대해 이렇게 말했다. "나는 신앙과 과학의 통합에 관한 강연을 해왔고, 내 남편과 나는 지난 60년 동안 기후변화, 춤(오래전부터), 낙태, 진화, 여성들의 직장 생활 등 분열을 초래할 수 있는 주제들을 일련의 주일학교 프로그램에서 다뤄왔습니다"라고 말했다.[36] 과학자들은 교인들이 자신들을 과학에 종사하면서도 여전히 하나님을 예배할 수 있는 동료 그리스도인으로 신뢰하도록 교회에서 예배를 인도하고 찬양하는 것에 관해서도 이야기했다. 한 복음주의 과학자는 자기 교회 목사가 설교 때 자기에게 말할 기회를 준 일에 대해 다음과 같이 이야기했다.

목사님은 우리 중 몇 명을 자리에서 일으켜 세우고 "당신은 어떤 일을 하십니까?"라고 물었습니다.…그것은 정말 멋진 일이었습니다. 그리고 그것은 내가 참으로 그를 사랑하고 그의 교회를 사랑하는 이유 가운데 하나입니다. 내가 일어나서 내가 연구한 몇몇 사례와 우리가 수

35　RC_09, 생물학, 교수 겸 학과장, 남성, 기독교 개혁교회, 2018년 3월 22일 인터뷰.

36　RC_08, 진화생물학과 기후변화, 연구원, 여성, 기독교 개혁교회, 2018년 3월 21일 인터뷰.

행한 유전자 분석들 및 우리가 발표한 몇몇 논문들에 대해 말할 수 있었기 때문에 그것은 멋진 일이었습니다. 사람들은 정말 큰 관심을 보였습니다. "당신은 그리스도인으로서 어떻게 감히 그런 일을 할 수 있습니까?"라는 반응은 전혀 없었습니다. 그들은 "오, 참 멋지네요, 그것은 정말 흥미롭습니다!"라는 식의 반응을 보였습니다.[37]

그리고 우리가 과학계와 종교계가 참으로 서로 관계를 맺는 것을 보는 경우는 매우 드물다. 물리학자인 톰 맥리쉬(Tom McLeish)는 영국 과학계의 최고 영예 가운데 하나인 왕립 학회 회원이며 헌신적인 그리스도인인데. 그는 논란이 되는 과학 주제에 관한 공개 토론에 참석한 후 자신이 뭔가 독특한 것을 목격한 경험에 관해「현대 물리학」(Physics Today)에 다음과 같은 글을 썼다. "이 모임은 달랐다. 강한 반대 견해들이 표명되었지만, 각 견해의 옹호자들은 서로의 말을 경청했다. 모든 사람이 지질학과 기술 분야에서 알려진 사항과 불확실한 사항 모두를 파악하려고 열심이었다. 사회 과학과 지구물리학 모두 정중한 대화를 지속했다." 맥리쉬는 그날 밤에 있었던 경험에 관해 다음과 같이 말을 이어갔다. "서로 다른 우선순위 개념이 이해되었고, 어떤 사람들은 실제로 자신의 견해를 **바꿨다**."[38] 우리가 "타인"으로 생각하는 집단과 진정으로 소통할 때 비로소 경계를 넘고 마음을 바꿀 가능성이 존재한다.

---

37 RC_06, 면역 및 류머티즘, 부교수, 남성, 복음주의자, 2018년 3월 8일 인터뷰.
38 Tom McLeish, "Thinking Differently about Science and Religion," *Physics Today*, February 2018, 10-12.

일부 그리스도인에게는 "과학적" 미덕에 대해 생각하는 것이 이상하게 보일 수도 있다. 그러나 가치들은 과학 공동체의 기초를 형성하고, 과학자들이 자기의 일을 어떻게 생각하고 그것을 어떻게 실천하는지에 대한 토대를 형성한다. 가치들이 그리스도인들이 그들의 신앙을 어떻게 실천하는지에 대한 기초를 형성하는 것처럼 말이다. 우리가 이런 미덕들을 탐구하기 전에 우리에게 미덕을 지닐 역량을 주는 또 다른 기초 요소를 살펴볼 필요가 있다. 그것은 바로 우리의 인간 됨인데, 이것은 많은 그리스도인이 진화에 관한 논의를 시작할 때 매우 중요하게 생각하는 요소다.

추가 토론

1. 당신의 삶에서 기독교 공동체는 어떤 역할을 해왔는가? 과학 공동체는 어떤 역할을 해왔는가?
2. 당신의 교회 공동체에서는 어떤 미덕들이 가장 잘 구현되는가?
3. 당신의 교회 공동체는 어떻게 공동체의 유대감을 훼손하지 않으면서 과학과 신앙 문제를 다룰 수 있는가?
4. 당신의 경험에 비추어 볼 때 당신의 교회 공동체는 과학자들을 어느 정도로 의심하고 있는가?
5. 당신의 교회에 과학자들이 있는가? 당신은 당신 교회 안의 과학자들을 어느 정도로 알고 있는가? 당신은 어떻게 그들을 좀 더 잘 알 수 있는가?

3장

창조적 진화: 기원 논쟁을 넘어

"그렇다면 저는 어디에서 온 건가요?" 내 연구의 일부로서 내가 참관하고 있던 한 성경 공부 모임에서 어떤 10대 청소년이 이렇게 질문했다. 나는 종교를 연구하는 사회학자이기 때문에 이런 종류의 모임과 토론 그룹을 방문하는 것이 내게는 이례적인 일이 아니었다. 나는 이 교회의 근처에 있는 코넬 대학교의 교수와 함께 연구를 수행하고 있었다. 이 교회의 목사들과 부모들은 그 교회의 청소년 중 일부가 이 대학에 들어가기를 바랐다. 시골의 이 복음주의 교회는 내가 자란 교회와 비슷했지만 나는 이제 밖을 내다보는 내부자가 아니라 안을 들여다보는 외부인이었다. 20대 중반이었던 나는 10대들 및 젊은 성인들과 충분히 잘 어울릴 수 있었다.

"저는 어디서 왔나요?" 이 10대 청소년은 이번에는 좀 더 단호하게 물었다. 그는 포기하려고 하지 않았다. "이것이 제게 무엇을 의미하나요? 저는 어디서 왔나요?" 그는 이제 무시당하는 데 대해 다소 짜증이 났다. 목사는 이 질문을 다루고 싶지 않다는 듯 약간 놀란 것처럼 보였지만, 다시 고등학교에서 대학교로 진학하는 과도기에 대해 자신이 적어둔 메모로 돌아가서 이 모임에 참석한 사람들에게 생물학 교수들과 사회학 교수들이 그들의 신앙을 빼앗아 갈 진화에 관한 내용을 가르치려고 시도하는 것을 조심해야 한다고 강조했다. (나는 내 전공 분야인 사회학이 "위험한" 과목 중 하나라는 말에 귀가 번쩍 뜨였다!) "따라서 이 교수들이 여러분이 어디서 왔는지 말할 때, 즉 여러분이 원숭이로부터 왔다고 말할 때, 여러분은 자신이 동물이 아니라 특별하고 독특하며 하나님이 자신의 형상대로 여러분을 창조하셨다는 것을 잘 알고 있어야 합니다. 여러분은 독특한 인간입니다." 나는 그 10대 소년이 다소 위축감을 느꼈다는 것을 알 수 있었다.

성경의 첫 페이지는 "하나님이 자기 형상 곧 하나님의 형상대로 사람을 창조하시되 남자와 여자를 창조하셨다"(창 1:27)라고 말한다. 하나님이 세상을 창조하셨다는 것과 인간은 하나님의 형상대로 창조되었으므로 창조세계에서 특별한 지위를 지닌다는 것이 기독교의 핵심 교리다. 창세기에 기록된 창조 이야기가 문자적으로 믿어지든 혹은 비유(allegory)로 믿어지든 간에 그것은 그리스도인들에게 인간이 창조세계에서 독특한 존재이며, 하나님이 주신 의미 있는 삶의 목적을 지니고 있다는 확고한 의식을 제공한다. 우리가 인간 됨과 진화에 관한 논의의 장을 마련한 이유는 많은 그리스도인에게 있어 하나님이 정하신 "인간 됨"이 가장 높은 가치이며 우리가 미덕을 행할 수 있는 능력의 원천이기 때문이다.

나는 그리스도인들을 대상으로 수행한 인터뷰를 통해 하나님이 인간을 자신의 형상으로 만드셨다는 아이디어가 그리스도인들이 특정한 과학기술과 아이디어들, 특히 진화 이론에 접근하는 방식에 어떻게 영향을 줄 수 있는지 이해하는 데 도움을 얻었다. 일부 그리스도인은 진화를 받아들이는 것이 자신의 신앙의 핵심 교의들에 미칠 함의에 관해 우려한다. 그러나 내 연구는 많은 그리스도인이 하나님의 창조자 역할과 모든 생명 중에서 인간의 독특성에 관한 굳건한 기독교적 확신을 유지하면서 진화를 받아들인다는 것도 보여준다.

그리스도인들은 진화에 관해 어떻게 생각하는가

나는 그리스도인 응답자들에게 다른 연구자들이 질문했던 것처럼 단순히 창조론을 믿는지 아니면 진화를 믿는지를 묻는 대신 지구상에 존재하는 생명의 기원과 발달에 관해 다음과 같은 여섯 가지 설명 중에서 선택하라고 요청했다.

- 젊은 지구 창조론(하나님이 지난 일만 년 안에 만물을 창조하셨다.)
- 오래된 지구와 최근의 인간 창조(하나님이 수십억 년 전에 우주와 지구를 창조하셨다. 식물들과 동물들은 생명의 초기 형태로부터 수백만 년에 걸쳐 진화했지만, 하나님이 지난 일만 년 이내에 개입하셔서 인간을 창조하셨다.)
- 하나님에 의해 인도된 진화(하나님이 수십억 년 전에 우주와 지구를 창조하셨으며, 인간의 진화를 시작하셨고 수백만 년에 걸쳐 그것을 인도하셨

다.)

- 지적 설계(우주와 지구는 수십억 년 전에 형성되었으며, 인간은 지적 존재의 설계에 따라 수백만 년에 걸쳐 진화했다.)
- 하나님에 의해 시작된 진화(하나님이 수십억 년 전에 우주와 지구를 창조하셨다. 하지만 인간을 포함한 모든 생명은 적응해야 하는 환경상의 압력 때문에 그리고 하나님이나 지적인 존재로부터의 인도 없이 생명의 초기 형태로부터 수백만 년에 걸쳐 진화했다.)
- 자연주의적 진화(창조주 하나님의 도움 없이 수십억 년 전에 시작된 인간 및 우주의 기원에 대한 완전히 진화론적인 설명)

엄격한 양자택일 대신 이 여섯 가지 내러티브를 사용하니 다른 결과가 도출되었다. 대다수 과학자가 진화 이론을 받아들인다는 데는 의문의 여지가 없다. 8개국의 학계에서 일하는 과학자들을 대상으로 한 나의 조사에서 92퍼센트가 인간이 장기간에 걸쳐 진화했다고 믿는다고 응답했다.[1] 그러나 내가 엘리트 대학교 밖에서 일하는 과학자들(예를 들어, 엔지니어로서 일하거나 연구개발 분야에서 일하는 과학자들)에게 인간의 기원에 대한 여섯 가지 내러티브 중 하나를 선택하라고 요청했을 때, 하나님이나 인간보다 높은 존재의 개입이 없는 자연주의적 진화가 가장 인기가 **없었다.**[2] 사실 이런 과학자 중 70퍼센트는 인간을 포함한 모든 생명이 하나님이나 지적인 존재의 개입이 **없이**

---

1   국제적 맥락에서 본 과학자들 사이의 종교(Religion among Scientists in International Context, RASIC) 연구(2013-15).
2   종교인의 과학 이해(Religious Understandings of Science, RUS) 연구(2013-14).

수백만 년에 걸쳐 진화했다는 내러티브는 아마도 또는 확실히 **거짓**일 것이라고 말했다. 달리 말하자면 많은 과학자가 창조주 하나님이 창조에서 모종의 역할을 담당하셨다는 입장을 취하는 동시에 진화도 받아들인다.

내가 미국 전역의 복음주의 그리스도인들에게 위의 여섯 가지 내러티브를 제시하면서 이 내러티브들 각각이 어느 정도까지 참 또는 거짓이라고 생각하는지 질문했더니, 40퍼센트를 약간 밑도는 응답자가 젊은 지구 창조론—하나님이 지난 일만 년 안에 만물을 창조하셨다는 견해—이 분명한 사실이라고 답했다.[3] 대학 밖에서 일하는 미국 복음주의 **과학자**들의 경우 35퍼센트 미만이 하나님이 과거 일만 년 안에 우주와 지구와 모든 생명을 창조하셨다는 내러티브가 분명한 사실이라고 생각한다고 응답했다.

하지만 그것은 이야기의 일부에 불과하다. 복음주의자들 사이에서는 젊은 지구 창조론이 가장 인기 있는 내러티브였지만, 나는 복음주의 그리스도인들의 거의 40퍼센트가 생명의 기원과 발달에 관한 어느 하나의 관점에 대한 "참된 신자"가 되기를 꺼린다는 것을 발견했다.[4] 많은 복음주의자가 정적(靜的)인 신앙이 아니라 역동적인 신앙을 보여주었다. 예를 들어, 우리의 대화에서 "하나님이 **모든 것**을 창조하셨다"는 자신의 확고한 신념을 강조했던 이본은 나중에 자기가 여전히 이 모든 것이 어떻게 존재하게 되었는지 다소 불확실하

---

3   Elaine Howard Ecklund and Christopher P. Scheitle, *Religion vs. Science: What Religious People Really Think* (New York: Oxford University Press, 2017), 77.

4   Ecklund and Scheitle, *Religion vs. Science*, 77을 보라.

다고 생각한다는 것과 자기는 진화가 하나님의 창조 방식인지 아니면 하나님이 다른 방식으로 창조하신 것인지 확신하지 못한다는 것을 인정했다. 그녀는 "어떤 것들은 항상 신비인데 우리 가운데 누구도 결코 모든 것을 다 알 수는 없을 거예요. 하지만 믿음을 통해 그렇게 믿는 것이죠"라고 말했다.[5]

내가 발견한 가장 재미있는 사실 중 하나는 많은 신앙인, 특히 복음주의 그리스도인들이 인간의 기원에 대해 모순된 견해를 지니고 있다는 것이다. 예를 들어, 젊은 지구 창조론이 "분명한 사실"이라고 말한 많은 사람이 "하나님이 수십억 년 전에 우주와 지구를 창조하셨으며, 인간의 진화를 시작하셨고 수백만 년에 걸쳐 그것을 인도하셨다"라는 내러티브 역시 "분명한 사실"이라고 말했다. 사실 내 연구에 참여한 복음주의자들의 30퍼센트가 서로 모순되는 기원 내러티브들을 "분명한 사실"로 여겼다.[6]

즉 많은 그리스도인이 우주의 기원과 지구상 생명의 발달에 대한 설명에 관해 무엇을 믿어야 할지 확신하지 못하며, 종종 자신의 신앙과 진화 이론에 대한 증거 사이에 어떻게 균형을 이뤄야 할지 씨름한다. 일부 그리스도인은 창세기에 기록된 창조 기사를 문자적인 의미에서가 아니라 도덕적인 의미에서 "참인" 중요한 이야기로 여기며, 따라서 진화에 대한 과학적 설명을 사실적인 면에서 참인 것으로

---

5 RUS_Mid-High SES Black Protestant Church Houston Int3, 2012년 8월 8일 인터뷰.

6 Ecklund and Scheitle, *Religion vs. Science*, 78을 보라.

받아들인다.[7] 다른 이들은 하나님이 진화를 이용하셔서 지구상의 생명체들을 발달시키셨다고 결론지음으로써 진화와 자신의 신앙을 조화시킨다. 예를 들어, 뇌와 신경계를 연구하는 블라이드 교수는 자신은 창조의 "날들"(days)을 "창조의 기간들"(creative periods)로 해석함으로써 성경의 창조 이야기를 받아들인다고 말했다. 그러나 그녀는 자기 교회의 다른 신자들이 그들의 좀 더 "교의적인" 관점을 내려놓기가 쉽지 않다는 것을 이해한다. 그녀는 다음과 같이 말했다. "나는 [진화에 관해 알게 되면] 자기의 신앙의 토대가 허물어지리라고 두려워하는 사람이 많다고 생각합니다. 많은 사람이 평생 이런 내용을 배워왔고 거기에 자신의 삶을 투자했기 때문에 그것은 두려운 일이죠. 그것을 내려놓기가 어렵습니다"라고 말했다.[8]

　　일부 복음주의 그리스도인들에게 있어 우주의 기원과 지구상 생명의 발달을 설명하기 위한 내러티브를 생각할 때 그 내러티브가 자신이 중요하게 생각하는 신학적 믿음—즉 하나님의 창조자 역할과 하나님과 인간 사이의 관계—을 설명하는지를 가장 중요한 고려 사항으로 여긴다. 예를 들어, 복음주의 그리스도인은 가톨릭 교도나 유대인보다 하나님이 "세상사에 직접 관여하신다"라고 믿을 가능성이 훨씬 더 크다. 그들은 또한 인간이 하나님의 형상대로 창조되었으며, 따라서 창조세계에서 특별한 지위를 갖고 있다는 아이디어를 보

7　　Esther Chan and Elaine Howard Ecklund, "Narrating and Navigating Authorities: Evangelical and Mainline Protestant Interpretations of the Bible and Science," *Journal for the Scientific Study of Religion* 55, no. 1 (2016): 54-69.

8　　RUS_High SES Evangelical Church Houston Int18, 2012년 5월 29일 인터뷰.

호하는 데 큰 관심을 기울인다. 많은 복음주의 그리스도인은 생명의 발달에 관한 엄격한 창조론 외의 다른 설명들이 인간의 독특성을 배제하지 않는다면 그런 설명들에 개방적인 태도를 보인다.

나는 연구를 통해 진화 이론을 이해하는 그리스도인들이 그 이론을 받아들이는 것의 신학적 함의—특히 그것이 세상에서의 하나님의 역할과 인간의 특수성에 대해 의미하는 바—를 두려워하기 때문에 그 이론을 완전히 받아들이기를 망설일 수 있다는 것을 발견했다. 내가 인터뷰한 많은 그리스도인이 진화가 성경에 계시된 하나님의 본성에 미치는 영향에 대해 우려를 표명했으며, 그들은 진화를 받아들이면 하나님의 창조자 역할이 제거된다고 믿을 경우 진화를 받아들이는 데 어려움을 느낀다. 의학전문대학원에 재학 중인 어느 복음주의 그리스도인은 다음과 같이 말했다. "창조주 개념—즉 '진화의 배후에 창조주가 있었는가?' 또는 '창조주가 존재하는가, 존재하지 않는가?'—이 더 중요합니다. 창조주가 진화를 수단으로 사용해서 인간이나 다른 무언가를 창조하실 수 있었을까요? 물론 그러셨을 수 있습니다. 왜 그러실 수 없었겠습니까? 하지만 나는 '창조주가 존재하는가?'가 훨씬 더 중요한 질문이라고 생각합니다."[9]

9   RUS_High SES Evangelical Church Houston Int23, 2012년 6월 21일 인터뷰.

진화 이론에서 신은 어떤 존재인가?

내 연구 중 하나에 참여한 휴스턴 소재 복음주의 교회의 신자인 한 여성은 "나는 진화 이론이 하나님을 배제한다고 생각합니다"라고 말했다.[10] 시카고 출신의 어느 그리스도인 여성은 "나는 진화는 만물을 창조한 초자연적인 존재가 있었다는 사실을 포함하지 않기 때문에 우리가 진화 이론의 어떤 부분을 사용하더라도 창조를 설명할 수 있다고 생각하지 않습니다.…그것은 정반대 같습니다"라고 말했다.[11]

나는 현재 미국 국립보건원을 총괄하고 있는 프랜시스 콜린스(Francis Collins)가 설립한 바이오로고스(BioLogos) 웹사이트를 방문하는 데 많은 시간을 보냈다. 바이오로고스는 그리스도인들이 "과학과 성경적 신앙 사이의 조화를 알도록" 돕기 위해 일하는 가장 현저한 프로그램 중 하나로서 "하나님의 창조세계에 대한 진화적 이해"를 제시한다. 콜린스는 그의 저서 『신의 언어』(The Language of God, 김영사 역간)에서 다음과 같이 말한다.

> 만약 인간이 전적으로 돌연변이와 자연도태를 통해 진화했다면 우리의 존재를 설명하기 위해 누가 하나님을 필요로 하겠는가? 나는 이 질문에 대해 내가 하나님을 필요로 한다고 답변한다. 침팬지와 인간의 염기서열들을 비교하더라도—그것이 재미있기는 하지만—그것이 인

---

10   RUS_Low SES Evangelical Church Houston Int2, 2013년 8월 18일 인터뷰.
11   RUS_Low SES Black Protestant Church Chicago Int15, 2013년 11월 1일 인터뷰.

간 됨이 무엇을 의미하는지를 말해주지 않는다. 내가 보기에 DNA 서열만으로는, 설령 그것에 생물학적 기능에 대한 방대한 데이터가 포함된다고 하더라도, 결코 도덕률에 관한 지식이나 신에 대한 보편적인 추구 등 인간의 특정한 속성들을 설명하지 못할 것이다. 하나님이 특별한 창조 행위의 부담으로부터 해방된다고 해서 인간을 특별하게 만드는 요소들과 우주 자체의 근원이신 하나님이 제거되지 않는다. 그것은 단지 우리에게 하나님이 세상을 운영하시는 방식에 관해 뭔가를 보여줄 뿐이다.[12]

칼빈 대학교 생물학 교수인 라이언 베베이(Ryan Bebej)는 바이오로고스에 기고한 글에서 자신이 젊은 지구 창조론자에서 진화 전문가로 전환한 것에 대해 다음과 같이 회고한다. "예전에 나는 과학 분야에서의 새로운 발견들이 하나님께 위협이 된다고 생각했다. 하나님이 우주의 신비들 가운데 거하시는데, 우리가 무언가 새로운 것을 발견할 때마다 하나님을 조금씩 더 작아지게 만든다는 식으로 말이다. 이 논리에 따르면 결국 과학의 진보는 우리가 하나님을 완전히 버려도 될 정도로 하나님을 매우 작아지게 만들 것이다." 그러나 베베이는 진화의 증거를 더 많이 생각하고 이해할수록 "이 과학이 [자신의] 신앙에 부합할 수 있는지 아닌지를 알아내는 데 특별한 관심을 기울이게 되었다." 그는 "그리스도인들이 과학적 증거를 다루는 방법이 많

---

12   Francis Collins, *The Language of God: A Scientist Presents Evidence for Belief* (New York: Free Press, 2007), 140–41. 『신의 언어』, 김영사 역간.

다는 것과 과학자로서 일한다고 해서 반드시 신앙을 상실하지는 않는다는 것"을 이해하기 시작했다. 그는 다음과 같이 설명한다. "나는 세부 사항, 자연 과정들의 복잡한 내적 작동에서 참으로 하나님을 본다고 인식하기 시작했다. 물질세계가 작동하는 방식을 더 많이 알수록 하나님에 대한 내 시각이 점점 더 넓어지는 것 같았다."[13]

나와 대화한 많은 그리스도인이 베베이처럼 진화 이론이 하나님에 대한 자신의 믿음과 양립할 수 있다고 보며, 자기가 과학을 통해 자연 세계의 아름다움과 질서에 관해 좀 더 많이 배울수록 하나님의 성품을 좀 더 잘 이해한다고 생각한다는 사실을 발견했다. 앞서 언급된 그리스도인 진화생물학자인 제이미는 진화가 어떻게 자신을 하나님께 더 가까이 이끌었으며, 창조세계에서 인간의 특별한 지위를 더 잘 이해하게 했는지를 설명했다. 그녀는 진화가 아름다운 패턴으로 가득 차 있으며, 하나님이 세상을 어떻게 창조하시고 보존하시는지를 보여주는 한 측면이라고 본다. 그녀의 진화 연구는 그녀의 신앙을 강화하는 데 이바지한다. 그녀는 다음과 같이 말했다. "나는 자연과 초자연을 분리하는 지점이 있다는 개념의 사회적 함의를 이해하기 위해 매우 열심히 노력하고 있습니다.…우리가 하나님이 적극적으로 개입하지 않는 일종의 이신론적 관점에 귀를 기울이지 않도록 나는 하나님이 그런 자연 과정 안에서 어떻게 일하시는지 이해하려고 노력합니다. 그런 질문들은…내 신앙을 좀 더 깊어지게 하고

---

13   Ryan Bebej, "From Young-Earth Creationist to Whale Evolution Expert: My Story," BioLogos, February 6, 2018, https://biologos.org/blogs/guest/from-young-earth-creationist-to-whale-evolution-expert-m y-story.

당연히 하나님이 세상에서 어떻게 일하시는지에 대한 내 이해를 깊어지게 합니다."[14] 연구 의사인 복음주의 그리스도인 커트도 제이미처럼 진화가 자신의 신앙을 강화한다는 입장을 취한다. 그에게 진화는 하나님의 자녀로서 우리가 모두 서로 연결되어 있다는 것을 보여준다. 그는 그것은 "근본적으로 우리가 서로 연관되어 있음을 의미한다.…내게는 이것이 아름다운 묘사다"라고 말했다.[15] 그는 진화 과학을 수용하지만, 창조 이야기에서 계속 의미를 발견한다. 그는 내게 다음과 같이 말했다. "진화와 세상의 진화, 혹은 세상의 창조와 생명 및 인류의 진화는 성경의 창조 이야기에 대한 나의 이해에 정보를 제공했습니다. 나는 내가 성경을 해석할 수 있다고 생각하며, 성경은 앞으로 수천 년은 아니더라도 적어도 수백 년 동안은 계속 인간과 관련된 소중한 메시지와 의미를 지니리라고 생각합니다." 그는 계속해서 다음과 같이 말했다. "이런 이해들이 변할까요? 그럴 것입니다. 하지만 그런 이해들은 전에도 변했고 앞으로도 계속 변할 것입니다.…나는 앞으로 10년 후나 100년 후에는 지구 나이와 우주 나이를 현재 우리가 생각하는 것과 매우 다르게 추정할 수도 있다는 것을 충분히 이해하고 있으며, 과학자들과 종교인들 모두 이러한 것들에 적응해야 하리라고 생각합니다."[16]

커트는 자신의 부친이 초기 인류 진화 연구의 선구자인 루이스 리키(Louis Leakey)가 수행한 연구의 중요성과, 진화가 그 과학자의 신

---

14   RC_02, 진화생물학, 부교수, 여성, 그리스도인, 2018년 2월 14일 인터뷰.
15   Ecklund and Scheitle, *Religion vs. Science*, 72을 보라.
16   RUS_High SES Evangelical Church Houston Int9, 2013년 2월 13일 인터뷰.

앙을 어떻게 개선했는지를 설명해 준 것을 다음과 같이 회상했다. "누군가가 리키를 대상으로 인터뷰하고 있었다.…그는 자기가 발견한 어떤 것도 어떤 성경적 전통이나 종교적 견해와 충돌한다고 생각하지 않으며, [오히려 우리가] 우리 주위의 세상을 발견하고 그것을 해석할 수 있는…하나님이 주신 능력을 지니고 있다고 말했다. 그리고 그것은 [리키의] 신앙과 모순되지 않고 오히려 그의 신앙을 강화했다."[17] 내가 인터뷰한 또 다른 과학자는 다음과 같이 말했다. "호미니드(사람과)들이 자연 선택 과정을 통해 진화할 수 있는 방식으로 창조세계가 만들어졌을 수도 있다는 사실이 창조세계에 대한 하나님의 주권이나 인간과 창조주 사이의 독특한 관계의 중요한 역할과 양립하지 않는 것으로 보이지 않습니다."[18]

그리스도인들을 대상으로 한 내 연구와 그들과의 대화에서 나는 사람들이 진화와 자신의 신앙을 조화시키는 많은 방법을 들었다. 일부 그리스도인은 "신적 제1 원인이 있는 진화" 개념을 통해 진화를 받아들이는데,[19] 이는 그들이 하나님이 없다면 진화가 가능하지 않았을 것이고, 하나님이 출발점으로서 자연 진화 과정이 시작되기 이전에 지구상의 최초의 생명을 창조하셨다고 믿는다는 의미다. 한 그리스도인 여성은 자신의 신앙을 다음과 같이 설명했다. "이것들이 어떻게 여기에 있게 되었는지 아는 사람은 아무도 없습니다. 아무것도 없었는데 무언가가 존재하게 되었습니다. 아무것도 없는 상태와 무

---

17   Ecklund and Scheitle, *Religion vs. Science*, 73을 보라.
18   RC_10, 물리학, 교수, 여성, 복음주의 그리스도인, 2018년 3월 29일 인터뷰.
19   Ecklund and Scheitle, *Religion vs. Science*, 80을 보라.

언가가 존재하는 상태 사이에 무슨 일이 일어난 걸까요? 다른 것으로 진화하기 위해서는 무언가로부터 시작해야 합니다. 그러면 그 무언가는 어디에서 왔을까요? 그것은 무에서 진화한 것이 아닙니다. 그것은 시작된 것입니다. 생명체가 진화하려면 출발점이 필요합니다. 존재하지 않는 어떤 것을 변화시킬 수는 없습니다."[20]

나와 대화한 다른 그리스도인들은 하나님이 진화의 과정에 계속 관여하실 수 있다고 생각한다. 일부 그리스도인은 하나님이 그 과정을 시작하셨을 뿐만 아니라 끊임없이 그리고 계획적으로 인도하셨다고 믿는다. 나와 대화한 어떤 그리스도인은 자신은 진화가 하나님이 세상에 계속 관여하실 수 있는 여지를 남긴다고 믿는다고 말했다.

내게 진화는 참으로 광범위한 용어입니다. 우리는 모든 동물과 식물이 시간이 지남에 따라 변화하고 적응하는 것을 볼 수 있습니다.…그리고 나는 그것에 대해 너무 많이 고민하지 않습니다. 나는 그것이 하나님이 계획하신 바이고, 우리는 어느 날 갑자기 진화한 것이 아니라고 생각합니다. 진화의 과정이 있었고 우리는 그 과정의 일부입니다. 그리고 나는 진화와 싸우는 대신 그것이 일어난 방식이 매우 매혹적이라고 생각합니다. 과연 하나님이 어느 날 갑자기 우리가 다른 방식으로 진화하도록 지식을 주입하셨을까요? 그러셨을지도 모르죠. 나는 그 질문에 답하는 것에 대해 너무 걱정하지 않습니다. 나는 하나님이 여

20　RUS_High SES Mainline Church Houston Int16, 2012년 6월 20일 인터뷰.

기에 계신다고 생각합니다.[21]

진화 이론에서 인간은 어디에 위치하는가?

많은 그리스도인이 진화를 받아들이는 것은 인간이 하나님의 형상대로 창조되었다는 **이마고 데이**(Imago Dei) 개념을 포기하는 것을 의미한다고 생각한다. 작가 리처드 오스틀링(Richard Ostling)의 말마따나 "새롭게 부상하고 있는 과학은 창세기의 인간 창조에 관한 기록뿐만 아니라 '하나님의 형상'을 지닌 종(種)으로서의 인간의 독특한 지위에도 도전하는 것으로 보일 수 있다."[22]

  내 연구를 토대로 판단할 때 그리스도인들은 다양한 이유로 인간이 하나님의 형상대로 창조되었다는 믿음을 매우 중요시하는 것으로 보인다. 혹자는 고결한 삶에서 의미와 목적을 발견하기 위해서는 이 교리가 중요하다고 말한다. 어느 남성 그리스도인은 다음과 같이 말했다. "내가 하나님에 의해 하나님의 형상과 모양대로 창조되었고 내게 어떤 목적이 주어졌다면 내게 살아갈 이유가 있습니다.…내가 남을 돕는 것은 나 자신을 좀 더 나은 사람으로 보이게 하거나 내 기분이 나아지게 하기 위함이 아닙니다. [내가 남을 돕는 것은] 나를

---

21 RUS_High SES Mainline Church Houston Int5, 2011년 9월 2일 인터뷰.

22 Richard N. Ostling, "The Search for the Historical Adam," *Christianity Today*, June 3, 2011, 24.

자신의 형상대로 창조하신 분께 영광을 돌리고 싶기 때문입니다."[23] 이 사람에게는 하나님의 형상대로 창조되었다는 사실이 그에게 고결한 삶을 추구할 이유를 제공했다. 나는 많은 그리스도인으로부터 비슷한 말을 들었는데, 한 유전학자는 다음과 같이 말했다. "우리는 탁월함을 추구하고 하나님을 잘 대표하고 반영함으로써 하나님께 영광을 돌립니다. 그리고 나는 그것이 좀 더 중요하다고 생각하며, 따라서 우리 모두 하나님의 형상대로 지음을 받은 소명을 공유한다고 생각합니다. 그것이 우리의 소명입니다. 그것은 그분을 반영하는 일입니다. 그것은 그분을 대표하는 일입니다."[24]

일부 그리스도인은 소진화(microevolution)와 대진화(macroevolution)를 구별하여 전자는 받아들이고 후자는 일축한다. 이들은 시간이 지남에 따라 하나의 종(種) 안에서 일어나는 변화를 가리키는 소진화에 대해 일반적으로 매우 편안하게 느끼며, 그것에 대한 증거가 실험실에서 만들어졌다는 것을 인정한다. 그러나 그들은 종의 경계를 넘어서고 화석 기록을 통해 뒷받침되는 변화를 가리키는 대진화에 대해서는 종종 불편하게 생각한다. 이런 그리스도인들에게 있어 대진화가 문제가 되는 요인은 인간이 "열등한" 종에서 진화했다는 개념인데, 이는 인간이 하나님에 의해 직접 하나님의 형상대로 만들어졌다는 아이디어에 도전하기 때문이다. 한 그리스도인 여성은 다음과 같이 말했다. "나는 어떤 형태의 진화가 일어났을 수

23　RUS_High SES Evangelical Church Chicago Int5, 2013년 7월 18일 인터뷰.
24　RC_07, 유전학, 부교수, 남성, 복음주의자, 2018년 3월 9일 인터뷰.

도 있다는 것을⋯부정하지 않지만, 인간이 처음에는 인간이 아니었다는 생각에는 동의할 수 없습니다. 나는 인간은 항상 인간이었다고 믿습니다."[25]

어떤 물리 화학 교수는 다음과 같이 말했다. "이런 생각에는 인간을 특별하게 만드는 것이 무엇인지를 보려는 측면이 있습니다. 그것은 성급한 몇몇 과학자가 말하듯이 아무 의미도 없는 것인가요? 내가 진화를 받아들인다면 그것이 내가 생각하는 인간과 기독교의 이야기에 관해 생각하는 모든 것을 훼손하나요?"[26] 캘리포니아 주립대학교 치코 캠퍼스에서 종교를 가르치는 그레그 쿳소나(Greg Cootsona)는 그의 저서 『순전한 과학과 기독교 신앙』(*Mere Science and Christian Faith*)에서, 성경에 나오는 최초의 인간이 없으면 기독교의 이야기 전체가 무너진다고 걱정하는 사람들에게 "우리의 신앙의 중심은 아담이 아니라 그리스도"라는 점을 상기시켜 준다.[27] 궁극적으로 하나님의 형상은 예수 그리스도의 인격 안에서 가장 분명하게 실현되며, 따라서 인간의 기원에 대한 진화적 설명이 반드시 하나님의 형상을 부여받는 것이 무엇을 의미하는지에 대한 우리의 이해에 위협이 되지는 않는다.

내가 앞서 언급했던 시카고 교회에 다니는 그리스도인 여성은 자신은 "진화 과학보다 종교적 신념"을 선택했다고 말했다. 그녀

25   RUS_Low SES Evangelical Church Houston Int5, 2013년 9월 13일 인터뷰.

26   RC_01, 물리화학, 교수, 여성, 침례교 신자, 2018년 2월 14일 인터뷰.

27   Greg Cootsona, *Mere Science and Christian Faith: Bridging the Divide with Emerging Adults* (Downers Grove, IL: InterVarsity Press, 2018), 93을 보라.

는 그 이유를 다음과 같이 설명했다. "아무도 내게 매우 복잡한 우리의 몸과 매우 복잡한 세상이 어떻게 빅뱅으로부터 만들어질 수 있는지 설명할 수 없었기 때문입니다. 그것은…전혀 말이 되지 않았습니다."[28] 일부 그리스도인은 더 큰 목적이 없는 창조 개념이 틀렸다고 생각하며, 그 점을 근거로 진화 이론을 일축한다. 한 그리스도인은 다음과 같이 말했다. "[인간의 생명이] 단지 무작위의 미립자들이 함께 튀고 단세포에서 복잡한 세포들로 성장한 무작위적인 산물이었을까요?…그랬을 수도 있지만, 내 인생 경험은 그런 종류의 아이디어를 암시하는 것 같지 않습니다."[29] 복음주의자인 어느 기독교 목사는 자신의 견해를 다음과 같이 말했다. "진화는 전체적으로 이곳의 오류와 저곳의 오류 같은 무작위 돌연변이가 전혀 무작위적이지 않고, 목적과 의미와 '왜'라는 질문을 추구하는 인간에 도달하게 했다는 아이디어를 전제합니다. 나는 완전히 무작위적인 과정이 어떻게 우리를 여기까지 오게 할 수 있었는지 전혀 이해할 수 없습니다."[30]

내 설문 조사는 그리스도인들에게 한 가지만 선택하라고 요청하지 않고 진화에 관한 그들의 견해를 묘사하는 여섯 가지 내러티브를 제시했기 때문에, 그들은 자기의 생각을 심층적이고 상세하게 나눌 수 있었다. 그 결과 나는 다음과 같은 핵심적인 요점들을 발견했다.

우선 많은 그리스도인이 그들에게 진화의 과정에서 하나님이

---

28   RUS_Low SES Black Protestant Church Chicago Int15, 2013년 11월 1일 인터뷰.

29   RUS_High SES Evangelical Church Houston Int25, 2013년 7월 8일 인터뷰.

30   RUS_High SES Evangelical Church Chicago Int2, 2013년 7월 16일 인터뷰.

모종의 역할을 담당하신다는 아이디어를 표현할 기회도 주어진다면 지구상의 생명이 장기간에 걸쳐 진화했다는 아이디어를 받아들일 수 있다.

내 연구는 또한 과학이 모든 사람에게 안전해 보이는 것은 아님을 보여주었다. 나는 역사적으로 (때로는 현재에도) 피부색으로 인해 열등하다고 여겨진 소수 민족 집단 기독교 공동체 구성원들이 진화와 인종차별에 관해 우려한다는 것을 발견했다. 인종을 연구하는 생물학 교수인 데이비드 우난더(David Unander)는 "1800년대 후반에 진화는 '우생학'(eugenics)을 가리키는 은유였다. 우생학은 유럽 국가들 안에서 우수한 사람들을 증진하고 열등한 사람들을 제거하며, 궁극적으로 세계적으로 열등한 사람들을 제거하기 위한 프로그램이었다"라고 설명한다.[31] 이런 식으로 진화에 관한 아이디어들이 인종적 우월성에 관한 아이디어들과 연결되었다. 따라서 과학자들(및 의학)에 대한 의심을 품고 있는 흑인 공동체와 라틴계 공동체는 개인적으로는 과학을 통해 소외나 차별을 경험하지 않았다고 하더라도 그 사람이 속해 있는 공동체가 그런 악용이 일어날 가능성을 제시하는 내러티브를 지지하는 "기억 공동체"(community of memory)의 일부가 될 수 있다.[32]

---

31 David Unander, "Race: A Brief History of Its Origin, Failure and Alternative," BioLogos, February 21, 2018, https://biologos.org/blogs/guest/race-a-brief-history-of-its-origin-failure-and-alternative.

32 W. James Booth, "Communities of Memory: On Identity, Memory, and Debt," *American Political Science Review* 93, no. 2 (1999): 249을 보라.

이 대목에서 진화가 편견을 지지하는 데 이용되었지만, 진화에 관한 설명 자체가 원인은 아니라는 점을 우리가 강조할 필요가 있다. 그 설명 자체에 인종주의나 우생학으로 이어지는 요소는 없다. 이러한 연결은 어떤 사람들이 자신의 목적을 위해 왜곡한 것이다. 이러한 왜곡은 과학이 자기들의 인간성을 손상하는 도구로 사용될 수도 있다고 우려하는 소수 민족 기독교 공동체 구성원들 사이에서 과학에 대한 인식에 지속적인 영향을 끼치고 있다.

어떤 흑인 교회 목사는 진화 이론의 이면에 있는 아이디어들을 왜곡한 사람들에 의해 진화가 어떻게 그들에게 불리하게 적용되었는지에 비춰볼 때 자기 교회의 신자들이 진화를 받아들이기가 얼마나 어려운지를 설명했다. "[과학자들은] 우리가 원숭이에게서 나오지 않았다는 것을 압니다. 그런데 이 사람들[흑인 교회인 우리 교회의 사람들]은 그들이 원숭이에게서 나왔다는 말을 들었습니다. 아시겠습니까? 그들은 이 나라에 온 이후로 사람들이 자기들에 대해 말해 온 것들이 사실이 아님을 압니다. 그들은 그것을 압니다. 그리고 그들은 진화를 비웃을 것입니다."[33]

내가 저소득층, 소수 민족, 소외 계층 공동체들의 목회자들과 이야기를 나누었을 때 그들 역시 자기 교회의 신자들이 그들의 기독교 신앙과 진화 이론을 어떻게 조화시킬 수 있는지에 관해 생각하는 데 많은 시간을 할애하지 않는다고 말했다. 그들에게는 좀 더 절박한 인간의 필요들이 있다. 대도시 교회로서 가난한 흑인이 교인들의 압도

---

[33]   RUS_Low SES Black Protestant Church Houston Int19, 2011년 8월 11일 인터뷰.

적 다수를 구성하는 교회의 목사는 웃으면서 다음과 같이 말했다.

> 나는 우리 교회 신도 대다수가 진화 문제와 씨름하는 것이 아니라 삶
> 의 일상적인 일과 씨름한다고 생각합니다. 나이가 많고 돈이 있다면
> 건강에 신경 쓸 것입니다. 젊고 건강하다면 부와 관련된 문제를 다룰
> 것입니다.…사회적 기능 장애, 범죄 행위와 활동 등의 문제들과 씨름
> 하는 개인들이 있습니다.…따라서 그들은 보호 관찰관들을 상대하고
> 있고, 전과 기록 때문에 직업을 구할 수 없는 문제와 씨름합니다.…따
> 라서 둘러앉아 "진화에 대해 어떻게 생각하는가?"라는 주제로 대화하
> 는 것은 "배부른 소리를 하고 있네"라는 반응을 초래합니다.[34]

끝으로 진화와 종교적 신앙을 조화시키기 위해 분투하고 있는 그리
스도인들에게는 창조주 하나님에 대한 믿음을 유지하면서도 진화를
받아들이는 방법을 발견한 다른 그리스도인들의 이야기를 듣는 것
이 도움이 될 수 있으며, 교회는 그들이 진화에 대한 자신의 접근법
을 공유할 수 있는 장소가 되어야 한다. 그리스도인들이 성경에 기록
된 창조 이야기 근저의 핵심적이고 변할 수 없는 신념들을 숙고하고
진화의 증거를 수용할 경우 어떤 사항들이 위기에 처하거나 포기되
어야 하는지 스스로 물어보면 도움이 될 수 있다.

진화에서 하나님이 담당하시는 역할에 관한 질문은 어려운 질

---

34 RUS_Low SES Black Protestant Church Houston Int17_RL, 2011년 8월 9일 인터
뷰.

문이다. 우리는 과학자이면서 헌신적인 그리스도인들이 이 문제들을 어떻게 다루는지 살펴봄으로써 어느 정도 지침을 얻을 수 있다. 그리스도인 물리학자인 로렌 하스마(Loren Haarsma) 같은 사람들은 진화에 나타난 질서 정연함을 보고서 그것이 하나님의 지문을 보여준다고 믿는다. 그는 "하나님은 각각의 새로운 눈송이, 각각의 새로운 나무, 각각의 새로운 생태계, 각각의 새로운 인간을 묘사하는 데 필요한 정보를 창조하시는 것과 유사한 방식으로 진화의 메커니즘을 통해 생물학적 정보를 창조하셨다"라고 설명한다.[35]

그리스도인들은 또한 진화 이론이 기독교 신앙의 귀중한 부분인 많은 아이디어—인간 특유의 사랑, 협력, 이타주의, 사고 등을 할 수 있는 능력에 나타난 인간의 연결 관계 및 독특성과 관련된 아이디어들—를 뒷받침한다는 것을 인식할 수 있다. 진화는 우리 인간이 특별하다는 것을 보여준다. 진화 과학자들과 그리스도인들 모두 호기심과 창의성이 인간성에 중요한 요소라는 점을 인정할 수 있다. 물리학자인 마리오 리비오(Mario Livio)는 다음과 같이 말한다. "대체로 호기심에서 나오는 창의적 사고 능력은 축적된 지식을 공유하고 다른 사람들과 지혜를 모으는 성향과 결합하여 궁극적으로 인류의 역사에서 몇 가지 극적인 발전으로 이어졌다."[36]

---

35 RUS_Low SES Black Protestant Church Houston Int17_RL, 2011년 8월 9일 인터뷰.

36 Mario Livio, *Why? What Makes Us Curious* (New York: Simon & Schuster, 2017), 133. 『호기심의 탄생』, 리얼부커스 역간.

1. 하나님의 형상(*imago Dei*)으로 만들어진 존재라는 사실이 당신의 삶에 어떤 의미가 있는가?

2. 창세기 1-2장의 창조 기사에 관해 당신은 어떻게 생각하는가? 이번 장에 소개된 그리스도인들이 당신에게 성경의 창조 기사와 진화 사이의 관계에 관해 새롭게 생각하게 했는가?

3. 당신은 하나님에 의해 시작되거나 인도되는 진화, 즉 "진화적 창조"(theistic evolution)에 대해 어떻게 생각하는가?

4. 당신은 그리스도인들에게 진화에 관해 가르치는 것이 어느 정도로 중요하다고 생각하는가? 진화에 관해 가르치기 위한 가장 좋은 방법은 무엇인가?

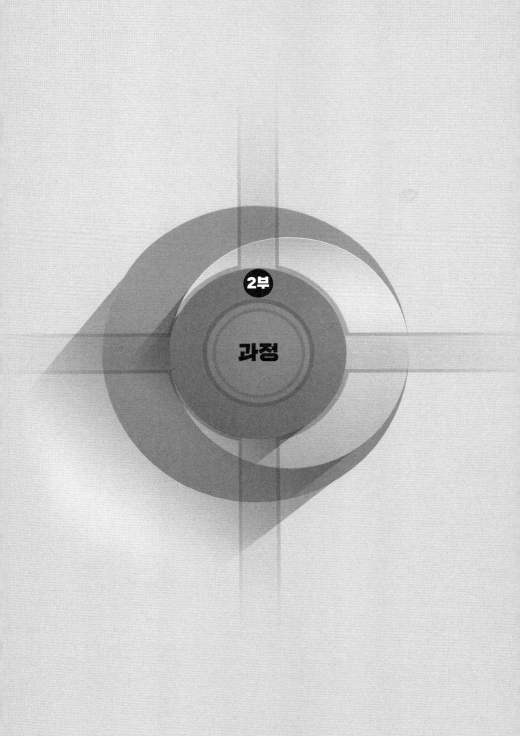

2부

과정

4장

호기심

우리는 몇몇 대화를 평생 기억한다. 내가 질을 만났을 때 그녀는 엘리트 연구 대학교에서 성공적인 연구실을 이끄는 생물학자였으며, 자신의 분야에서 이미 최고의 자리에 있었다.[1] 나는 그녀의 사무실 쪽으로 걸어갔을 때 그녀의 연구실 문에 다윈의 물고기가 기독교의 물고기(익투스[*ichthus*] 기호)를 먹고 있는 표시가 있는 것을 알아차렸다. 나는 과학자들이 신앙을 바라보는 태도에 관한 내 첫 번째 연구를 수행하고 있었는데, 그 표시를 보고 불안해졌다. 나는 머뭇거리며

---

[1] RAAS_Chem18, 2006년 1월 30일 인터뷰. "질"은 그녀의 본명이 아니다. 그녀의 신원을 보호하기 위해 몇몇 세부 사항이 가려졌다. 나는 내 저서 *Science vs. Religion*에서 이 응답자에 관해 언급하지만, 그곳에서는 그녀의 내러티브의 다른 측면에 초점이 맞춰진다. Elaine Howard Ecklund, *Science vs. Religion: What Scientists Really Think*(New York: Oxford University Press, 2010)를 보라. 학계에 종사하는 과학자들 사이의 종교(The Religion among Academic Scientists) 연구는 "미국내 21개 엘리트 연구 대학교에서 일하는 대학교 과학자들 사이에서의 종교, 영성, 윤리"에 대한 광범위한 연구다. Ecklund, *Science vs. Religion*, 157을 보라.

연구실 문을 똑똑 두드렸다. 나는 질이 우리의 인터뷰 약속을 잊어버렸어도 괜찮을 것 같다고 생각했다. 하지만 그녀는 곧바로 문 쪽으로 다가왔다.

질은 전혀 내 마음을 편안하게 해주지 않았다. 그녀는 악수나 미소로 나를 맞이하는 대신, 내게 퉁명스럽게 들어오라고 말하고 자기가 앉아 있는 책상 건너편에 있는 철제 의자에 앉으라고 했다. 그녀는 과학과 신앙에 대해 할 말이 전혀 없다고 얘기했다. 그녀가 내 연구에 참여한 이유는 그녀 자신이 연구자로서 단순히 연구를 돕고 싶었기 때문이었다. 나는 지금 그녀의 사무실의 에어컨이 최대로 가동되고 있었는지 아니면 내가 그냥 춥다고 느꼈는지 기억하지 못한다.

내가 연구를 시작한 첫해에도 나는 과학자들이 내 연구에 반응하는 방식들이 다양하다는 것을 알아차렸다. 너무 바빠 실존적인 문제들에 관해 이야기할 시간이 없는 사람들도 있었고, 인생의 중요한 문제들과 의미에 관한 대화를 나누기 위해 평생을 기다려 온 것처럼 보이는 사람들도 있었다. 매우 불편해하거나 적대적인 사람들도 있었다. 질의 사무실에 앉아서 나는 그런 어려운 대화 중 하나를 시작하기에 앞서 마음을 굳게 먹을 필요가 있다고 생각했다.

나는 질에게 내 연구에 관해 조금 이야기했다. 나는 일화들과 고정관념을 넘어 과학자들이 신앙에 대해 어떻게 생각하는지 그리고 다양한 종교의 신자들이 과학에 대해 어떻게 생각하는지를 최초로 체계적으로 연구하기를 원하는 사회학자라고 설명했다. 그러고 나서 나는 질에게 그녀가 종교 활동을 하고 있는지 또는 자신을 종교인이라고 생각하는지 물었다. 그녀는 간결하게 "아녜요. 난 그저 무신론자일 뿐입니다"라고 대답했다. 그 후 나는 그녀가 종교가 있는 가정에서 성장했는지 물었다. 그것은 "예"나 "아니오"로 대답할 수 있는 유형의 질문이었다.

질이 내게서 눈길을 돌리고 그녀의 눈에 눈물이 가득 고이기 시작해서 나는 깜짝 놀랐다. 나는 그 이후로 수년간 천 명이 넘는 과학자를 대상으로 신앙에 대한 그들의 관점을 인터뷰했는데, 인터뷰 때 울음을 터뜨린 사람은 질뿐이었다. 그녀가 왈칵 눈물을 쏟을 때 내 감정은 불안에서 동정으로 바뀌었다. 나는 또한 왜 그녀의 신앙 배경에 관한 질문이 그런 감정을 촉발했는지 좀 더 알고 싶어졌다.

질은 자신이 기독교 가정 출신이며, 어릴 때 교회에서 많은 시간을 보냈다고 말했다. 시골 마을에서 자란 질은 야외에서 많은 시간을 보냈고, 자연의 아름다움을 보기 시작했으며, 자연 세계에 대한 진정한 사랑을 키우기 시작했다. 그녀는 학업에도 많은 시간을 보냈다. 그녀는 특히 생물과 화학 수업을 좋아했다. 그녀는 자기가 "완벽한 천재"였고 자신의 성적은 "믿어지지 않을 정도로 좋았다"라고 말했다. 그녀는 자신이 교사나 의사가 될 수도 있다고 생각했다.

그러나 질은 자연 세계에 대한 호기심이 커지면서 자신의 신앙의 측면에 관해 걱정하게 되었다. 예를 들어 과학자들은 지구 나이가 수십억이라고 판단했지만, 그녀의 교회는 지구가 불과 수천 년 전에 하나님에 의해 현재의 형태대로 창조되었다고 가르치는 방식으로 성경을 읽는 그리스도인들의 공동체였다. 그녀는 자기의 부모와 목사들에게 지구상 생명의 기원과 발달 및 창조에서 하나님의 역할에 관해 질문했다. 질은 또한 그리스도인이 과학자가 될 수 있는지도 궁금했다.

당시에 질은 자신이 과학을 전공하게 되리라는 것을 몰랐고, 자신이 교회의 일원으로 남을 것인지 아니면 교회를 떠날지를 아직 생각하지 않고 있었다. 교회와 학교 모두 그녀의 삶에 매우 중요했다. 그녀는 타고난 호기심을 따르고 그것을 충족하기 위해 많이 질문하는 아이였다. 하지만 그녀는 "어려운 질문을 했을 때 나는 목사님으로부터 과학은 잊어버리고…그저 믿기로 결단하라는 말을 들었습니다"라고 말했다. 그 답변은 질을 만족시키지 못했다. 질은 과학이 제기한 질문들에 관해 자신이 속해 있는 청소년 그룹 지도자들과 이야기해 보려고 여러 번 시도했지만, 그녀와 그들 사이에서 있었던 경험은 비슷했다. 그녀는 일관되게 너무 많이 따지지 말라는 말을 들었다. 질은 다음과 같이 말했다. "나는 종교가 그것을 통해 자기와 다르게 생각하는 사람들을 비판하는 메커니즘 같다고 생각합니다. 그리고 그것은 내 어린 시절의 개인사에서 내게 하나의 비판이었습니다. 그것은 내게 좋은 경험이 아니었습니다." 질은 10대 때 자기의 교회를 떠났다.

그녀는 때때로 그리고 지금도 신앙을 갖는 것이 어떤 의미인지 알고 싶다고 말했다. 그녀는 다음과 같이 말했다. "무엇이 사람으로 하여금 계속 믿게 만드는 걸까요? 나는 종교가 제 역할을 할 때 사람들이 공동체에 대한 소속감을 갖는다고 생각합니다. 우리는 누군가에게 옳음과 그름 사이의 차이를 가르치는 방법이라는 의미에서 도덕과 윤리를 가르치는 방법을 배웁니다. 그러나 제대로 작동하지 않으면 그것은 그저 판단으로 변합니다."

호기심 육성하기

철학자 엘리아스 바움가르텐(Elias Baumgarten)은 "성격상의 특질로서 호기심은 광범위한 것들을 더 알고 싶어 하거나 배우고 싶어 하는 성향이다. 성격상의 이 특질을 많이 가진 사람일수록 특정한 상황에서 어떤 것에 관해 좀 더 조사하고 배우고자 하는 욕구나 충동을 좀 더 자주 또는 좀 더 강렬하게 경험할 것이다"라고 말한다.[2]

현재 우리 문화에서 **"호기심이 강하다"**라는 단어는 별로 중요하지 않거나 심지어 단순한 성격적 특질처럼 보인다. 그 단어는 근처에 무엇이 있는지 궁금하여 직접 가서 살펴보는 아이를 떠올리게 한다. 우리의 문화는 **전문가**나 **지도자**처럼 좀 더 강해 보이는 특질을 선호한다. 우리는 종종 이미 모든 사실을 다 아는 것처럼 보이는 사람들 옆에 있기를 원한다. 호기심은 내가 연구하는 분야의 중요한 가치다. 사회학의 핵심적인 미덕은 다른 사람들의 말을 주의 깊게 듣고 그들의 이야기에 호기심을 갖는 것이다. 나는 다른 사람들과 우리 자신을 좀 더 잘 이해하도록 돕고, 우리가 좀 더 나은 삶을 영위하도록 돕는 질문을 하는 능력을 높게 평가한다.[3] 나는 호기심이—현명하게 사용될 경우—지식의 경계를 넓히려는 열망으로서 강함의 표현이라고 생

---

2   Elias Baumgarten, "Curiosity as a Moral Virtue," *The International Journal of Applied Philosophy* 15, no. 2 (2001): 169.

3   Stanley Fish, "Does Curiosity Kill More Than the Cat?," opinion, *New York Times*, September 14, 2009, https://opinionator.blogs.nytimes.com//2009/09/14/does-curiosity-kill-more-than-the-cat을 보라.

각한다.

질 같은 과학자들은 흔히 그들의 호기심으로 유명하다. 알베르트 아인슈타인(Abert Einstein)은 "내게는 특별한 재능이 없다. 단지 열정적인 호기심이 있을 뿐이다"라고 말했다.[4] 물리학자인 마리오 리비오는 그의 유명한 책『호기심의 탄생』(*Why? What Makes Us Curious*)에서 최고의 과학자들은 종종 다른 여러 영역에서도 열정적으로 호기심이 매우 강하다고 주장한다. 유명한 유럽 핵 연구 기구인 유럽 입자물리연구소(CERN)에서 최초로 여성 사무총장이 된 파비올라 자노티(Fabiola Gianotti)는 처음에는 음악에 큰 호기심을 가졌고 그 후에는 인문학을 공부하다가 그 후 물리학을 공부하는 것으로 전환했다고 리비오에게 말했다. "나는 항상 호기심이 많은 아이였습니다.…나는 항상 질문이 많았죠. 나는 어느 시점에 물리학이 나로 하여금 실제로 그런 질문들 가운데 몇 가지에 대해 답할 수 있게 해주리라고 생각했습니다."[5] 그리고 매우 큰 성공을 거둔 과학자들은 그들의 호기심이 종종 그들의 가족 및 좀 더 큰 공동체들에 의해 아주 어린 나이부터 길러졌다고 말한다. 예를 들어, 아프리카계 미국인 최초로 미국의 대표적인 연구 대학교의 물리학 석좌 교수가 된 끈 이론가(string theorist)인 실베스터 제임스 게이츠 주니어(Sylvester James Gates Jr.)는

---

4 Marcel Schwantes, "This Famous Albert Einstein Quote Nails It. The Smartest People Today Display This 1 Trait," Inc., February 15, 2018, https://www.inc.com/marcel-schwantes/this-1-simple-way-of-thinking-separates-smartest-people-from-everyone-else.html.

5 Mario Livio, *Why? What Makes Us Curious* (New York: Simon & Schuster, 2017), 141.

종교와 과학 사이의 관계에 관해 공개적으로 말한다. 게이츠는 어릴 때 자주 호기심을 보이고 어려운 질문을 하곤 했다고 말한다. "나는 언젠가 [내 아버지에게] 이렇게 물어본 것이 기억납니다. '아버지, 내가 어릴 적에 온갖 질문을 했던 것 기억나세요?'라고 물었더니 아버지는 '그래'라고 대답했습니다. 그래서 내가 '아버지는 항상 모든 질문에 대한 답을 갖고 있었죠'라고 말했더니 아버지는 '맞아'라고 말했죠. 내가 '어떻게 그렇게 할 수 있었어요?'라고 물었더니 아버지는 '아들아, 네가 기억하지 못하는 것이 하나 있는데, 내가 즉시 대답할 수 없으면 네게 기다리라고 말하고 자료들을 찾아보고 나서 그다음 날이나 그 후에 네 질문에 대답했단다'라고 말했습니다." 게이츠의 가족 중 아무도 과학자가 아니었지만, 그들은 게이츠의 호기심을 육성하는 환경을 만들었다.[6]

기독교 공동체에 속한 사람 중 일부는 때때로 호기심을 위험하거나 무서운 것으로 생각할 수 있다. 질이 자기 부모와 목사들에게 신앙에 관한 질문을 했을 때, 그녀의 호기심은 두려움을 유발했다. 나는 엄마이자 교회 공동체의 일원으로서 질의 부모와 목사들에게 어느 정도 공감한다. 나는 내 딸이 언젠가 과학과 신앙에 관해 가지게 될지도 모르는 질문들과 그 질문들이 우리의 신앙과 내 딸 사이의

---

6 이 발췌문은 Summer Ash가 *The Smithsonian Magazine*과 한 인터뷰에서 따온 것이다. 다음 자료를 보라. "Why Theoretical Physicist Sylvester James Gates Sees No Conflict Between Science and Religion," Smithsonian.com, November 15, 2016, https://www.smithsonianmag.com/science-nature/why-theoretical-physicist-sylvester-james-gates-sees-no-conflict-between-science-and-religion-180961090/#ZXx5OkQAbIHz40 yF.99.

관계에 어떤 영향을 줄지 생각한다. 하지만 어렸을 때 과학과 신앙 사이의 관계에 관한 질문을 했던 사람으로서 나는 질의 호기심에도 공감할 수 있다. 자신의 질문과 지식 탐구가 무시되거나 좌절되었을 때 교회를 떠난 사람으로서 질은 내게 우리의 신앙 공동체에서 미덕으로서 호기심을 배양하는 것이 얼마나 중요한지 새삼 깨닫게 해주었다.

사실 기독교는 우리에게 호기심을 가지라고 촉구한다. 내가 가장 좋아하는 성경 구절 중 하나는 빌립보서 4:8인데 그 내용은 다음과 같다. "끝으로 형제들아, 무엇에든지 참되며 무엇에든지 경건하며 무엇에든지 옳으며 무엇에든지 정결하며 무엇에든지 사랑받을 만하며[또는 아름다우며] 무엇에든지 칭찬받을 만하며 무슨 덕이 있든지 무슨 기림이 있든지 이것들을 생각하라." 그레그 쿳소나는 다음과 같이 말한다. "인간의 지식이 자연에서 무엇을 발견하든 우리는 그것에 귀를 기울이고 그것으로부터 배우고 그것과 관계를 맺어야 한다. 왜 그런가? 하나님이 성경과 자연 세계를 통해―말씀과 행동 모두를 통해―말씀해 오셨고 지금도 계속 말씀하시기 때문이다. 말씀하시는 방식은 다르지만 말이다."[7]

---

7 Greg Cootsona, *Mere Science and Christian Faith: Bridging the Divide with Emerging Adults* (Downers Grove, IL: InterVarsity Press, 2018), 8. Cootsona는 또한 그의 책에서 다음과 같이 말한다. "우리 그리스도인들은 예수가 만물의 주님이시라고 믿는다. 그러므로 우리는 지식이 발견하는 [실제로 참인] 모든 것―과학에서 참인 모든 것―을 그리스도의 주권 아래 놓이게 해야 한다(47)."

호기심 갖기

내 연구 중에 방문한 여러 교회에서 나는 많은 그리스도인이 과학자들에 대한 두려움을 토로하는 말을 들었다. 그들은 모든 과학자가 무신론자이며 종교에 적대적이라고 믿는다. 그들은 종교에 적대적이며 과학과 종교 사이의 관계가 본질상 갈등을 빚는다고 목소리를 높이는 신무신론자(New Atheist)인 몇몇 과학자들로부터 많은 말을 듣는다. 실제로 많은 그리스도인이 신무신론자들로 인해 과학 및 과학과 신앙 사이의 관계에 대한 호기심을 억누르고, 과학 공동체와 신앙 공동체 사이에 엄격한 경계를 만든다. 많은 그리스도인은 또한 자기 교회의 목사들이나 지도자들이 결코 과학에 관한 이야기를 하지 않는다고도 말했다. 이런 환경 역시 호기심을 억누를 수 있다.

이제 우리가 교회에서 과학에 관한 호기심을 존중할 때가 되었다. 기독교의 관점에서 해석되면 과학은 창조세계에 관한 지식과 진리를 추구하며 하나님의 말씀과 행위 및 우리가 어떻게 좀 더 나은 삶을 영위할 수 있는지를 좀 더 잘 이해하도록 돕는 도구로 여겨질 수 있다.

내 남편 칼과 나는 둘 다 과학 분야를 전공하는 교수들이다. 칼은 입자 물리학자이며, 우리 둘은 거의 20년 동안 자연 과학과 사회 과학에서 고등교육과 박사 후 훈련을 받았다. 약 10년 전에 우리 부부가 우리에게 아기가 생겼다는 것을 알았을 때 우리는 과학자로서 우리에게 당연한 일을 했다. 우리는 우리의 과학적·학문적 교육과 기술들을 적용했다. 우리는 아기와 육아에 관한 **많은** 책을 읽고 공부

했다. 우리는 이러한 방식을 통해 아이가 태어나기 전에 육아에 관한 모든 것을 배울 수 있다고 생각했다.

그 후 우리 딸이 태어났다. 애니카가 태어난 후 약 3주 동안 우리 가족 중 적어도 한 명이 항상 우리와 같이 지내면서 우리를 도와주었다. 그 후 그들은 모두 떠났다. 우리 부부만 남았고 우리는 두려웠다. 다른 가족이 모두 떠난 후 첫날 밤에 우리는 첫 번째 고비를 맞았다. 애니카가 울음을 멈추지 않았다. 우리는 육아 책들이 제안하는 모든 일을 했다. 우리는 배에 가스가 찼는지 확인하고, 트림을 시키고, 열이 있는지 확인하고, 기저귀를 갈았다. 이 모든 일이 애니카에게 극심한 고통을 주었다. 아이가 우리 부부와 기저귀를 가는 테이블 옆 벽에 토해서 우리는 소독약을 묻힌 천 기저귀로 우리 자신과 벽을 닦아내야 했다. 아이는 계속 울었다. 스트레스로 인해 남편(매우 똑똑한 입자 물리학자)의 얼굴과 나(인간의 상태에 대해 어느 정도 지적 통찰력을 가지고 있다고 여겨지는 사회학자)의 얼굴에서 땀이 구슬처럼 흘러내렸다. 우리는 24시간 동안 잠을 자지 못한 두 성인에 불과했으며, 남아 있는 깨끗한 천 기저귀를 사용하여 이마에서 흘러내리는 땀을 닦아내고 있었다.

우리는 책에서 읽은 모든 일을 했지만 아무런 효과가 없었다. 우리는 우리가 분명히 육아 지침서에 나와 있는 중요한 정보 한 조각을 놓쳤으며, 우리의 연구 수준이 충분하지 않다고 확신하게 되었다. 나는 남편에게 가서 육아 책을 가져오라고 말했다. 우리는 그 상황에서 탈출하는 방법을 읽으려고 했다.

이제 몇 년 동안의 육아 경험이 있는 나는 그날 밤에 일어났던 일과 육아 책에 나와 있는 특정한 상황에 관한 한 단락이 우리에게 필요한 모든 것이라고 여겼던 우리의 믿음을 생각하면 피식 웃음이 나온다. 우리가 육아에 관해 공부한 내용은 마리오 리비오가 말하는 "인식적 호기심"(epistemic curiosity)—새로운 지식을 배우고자 하는 욕구—을 충족시키는 데 도움을 주었다. 그러나 그날 저녁 우리에게 필요했던 것은 리비오가 "지각적 호기심"(perceptual curiosity)이라고 부르는 것을 좀 더 잘 다루는 방법이었다. 지각적 호기심은 "어떤 것이 우리를 놀라게 하거나, 그것이 우리가 알고 있거나 알고 있다고 생각하는 것과 일치하지 않을 때 느끼는 호기심"이다. 그에 따르면 "그것은 불쾌한 상태, 곤경에 처한 상태로 느껴진다. 그것은 가려움과 비슷하다. 그래서 우리는 그런 유형의 호기심을 해소하기 위한 정보를 찾으려고 노력한다."[8] 그날 밤 우리는 책에 나와 있는 말들에 관해 호기심을 가질 필요가 없었다. 우리는 우리의 특별한 아이의 특성들에 대해 좀 더 호기심을 가질 필요가 있었다.

지금 나는 애니카와 보낸 그날 밤에 내가 다른 엄마나 아빠, 내가 속한 공동체의 구성원, 아이를 키워본 경험과 전문성을 지닌 누군가에게 질문하고 그들의 관점을 잘 들어야 했다고 생각한다. 이것이 우리의 문제를 해결하고 우리의 두려움을 누그러뜨리는 데 필요한 정보를 얻을 수 있는 가장 좋은 방법이었을 것이다.

나는 연구를 통해 많은 그리스도인이 과학과 종교 사이의 관계

---

8   Mario Livio, "The 'Why' behind Asking Why: The Science of Curiosity," The Wharton School at the University of Pennsylvania, August 23, 2017, https://knowledge.wharton.upenn.edu/article/makes-us-curious.

및 과학과 신앙을 통합하는 방법에 관해 궁금해한다는 것을 알게 되었다. 이 호기심은 고통스러우며, 스트레스를 초래할 수도 있다. 리비오는 어느 연구에서 연구자들이 "지각적 호기심은 갈증과 비슷한 부정적인 욕구와 박탈감을 생성하는 것으로 보인다"는 점을 입증했다고 말한다.[9] 그 연구는 이 호기심을 충족하는 것이 보상처럼 느껴질 수 있음을 보여주었다. 기독교 공동체들은 호기심이 많은 사람, 특히 과학과 신앙 사이의 관계에 관해 호기심이 많은 사람에게 안전한 장소가 될 수 있다. 기독교 공동체에서 가장 귀중한 자원은 개인적 경험과 성취를 지닌 신자들, 즉 자기의 교회에서 청소년들보다 먼저 과학과 신앙을 성공적으로 통합한 경험이 있는 동료 그리스도인들이다. 우리는 이런 그리스도인들로부터 종교와 과학 사이의 관계를 바라보는 새로운 방식들과 교회에서 왜 과학에 대한 호기심이 강화되고 뒷받침되어야 하는지를 배울 수 있다. 교회는 그리스도인들이 과학과 신앙 사이의 관계에 관해 생각할 때 느끼는 갈등과 스트레스를 줄일 수 있는 장소, 호기심을 배양하고 충족시키는 보상을 제공하는 장소가 될 필요가 있다. 호기심은 과학적 발견 과정과 과학과 신앙 사이의 관계를 이해하는 과정에서 필수적인 부분이다. 하지만 많은 사람에게 있어 호기심은 신앙에 대한 의심으로 이어진다.

---

9   Mario Livio, "Why Curiosity Can Be Both Painful and Pleasurable," *Nautilus*, September 28, 2017, http://nautil.us/issue/52/the-hive/why-curiosity-can-be-both-painful-and-pleasurable.

1. 당신은 과학의 창조에서 하나님이 어떤 역할을 담당하셨다고 생각하는
   가? 당신은 어떤 과학적 개념을 더 알기 원하는가?

2. 당신은 신앙과 과학 사이의 관계를 어떻게 탐구하고 있는가? 당신은
   어떤 갈등을 겪고 있는가?

3. 당신의 교회가 호기심을 갖고 과학을 탐구하는 것을 어떻게 좀 더 잘 배
   양할 수 있는가?

4. 당신의 교회 신도들은 호기심을 갖고 신앙을 탐구하는 것을 어떻게 좀
   더 잘 배양할 수 있는가?

5. 당신의 신앙 공동체는 아이들의 호기심을 배양하기 위해 어떤 일을 하
   고 있는가?

5장

의심

열두 제자 중의 하나로서 디두모라 불리는 도마는 예수께서 오셨을 때에 함께 있지 아니한지라. 다른 제자들이 그에게 이르되 "우리가 주를 보았노라" 하니 도마가 이르되 "내가 그의 손의 못 자국을 보며 내 손가락을 그 못 자국에 넣으며 내 손을 그 옆구리에 넣어 보지 않고는 믿지 아니하겠노라" 하니라(요 20:24-25).

전통적으로 종교는 믿음에 의존하는 반면 과학은 이성과 증거에 의존한다고 생각되었다. 과학은 보이는 것들을 통해 우리가 설명할 수 있을 때까지 우선 **의심하는 것**을 의미하지만, 히브리서 저자에 따르면 믿음은 바라는 것들의 실상이요 **보이지 않는** 것들의 증거다(히 11:1).

과학 공동체에서 의심은 유용할 뿐만 아니라 필수적이기도 하다. 과학자들은 호기심 덕분에 종종 우리가 당연하게 여기는 부분에 대해서조차 그들 주변의 세계에 의문을 제기하고, 새로운 통찰을 발견한다. 그러나 새로운 사항에 대한 호기심은 종종 과학자들이 과거의 발견을 **의심하게** 만든다. 컬럼비아 대학교에서 가르쳤던 과학 사회학자 로버트 K. 머튼(Robert K. Merton)은 과학의 핵심적인 집단 규범 중 하나는 소위 "조직화된 회의주의"(organized skepticism)라고 주장했는데, 이는 과학이 과학적 진리에 도달하기 전에 자신의 연구를 공정하게 조사하며 그것에 관해 판단을 보류하는 과학자들을 중심으로 조직화된다는 개념이다. 달리 말하자면 머튼은 과학이 의심을 경험하는 것에 기초한다고 주장한다.[1]

그러나 종교는 종종 의심을 줄이는 수단으로 여겨진다. 기독교에서 (위에서 부분적으로 인용된) 성경의 "의심하는 도마" 이야기는 일반적으로 설교에서 그렇게 되지 말아야 할 전형으로 사용된다.[2] 그리스도인들은 종종 의심의 근원으로부터 자신의 신앙을 보호하도록 권장된다. 내가 종교인들이 과학을 어떻게 이해하는지 연구할 때 어떤 여성은 "다윈 시대에는 항상 [과학과 신앙 사이에] 갈등이 있었습니다"라고 말했다. 그녀는 계속해서 "나는 이것이…의도적으로 의구심을 제기하거나 의심의 씨앗을 심으려는 시도인지는 알지 못합니

---

1   특히 Robert K. Merton, "The Normative Structure of Science," in *The Sociology of Science: Theoretical and Empirical Investigations*, ed. R. K. Merton (1942; repr., Chicago, IL: University of Chicago Press, 1973), 267-80을 보라.

2   나는 "의심하는 도마" 이야기에 관한 Vance Morgan의 관점을 좋아한다. Vance Morgan, "Why Doubt Is My Favorite Virtue," Patheos, *Freelance Christianity* (blog), April 27, 2019, https://www.patheos.com/blogs/freelancechristianity/why-doubt-is-my-favorite-virtue.

다. 나는 영적인 사람으로서 악한 영도 존재한다는 것을 압니다. 악령이 사람의 마음에 의심을 드리우는 일을 할 수도 있습니다. 그래서 다윈주의는 의심의 도구, 의심을 돕는 요인 가운데 하나가 되어왔습니다."[3] 이런 식으로 과학은 종종 신앙에 대한 위협으로 여겨져 왔다.

그러나 우리 그리스도인들이 의심을 다르게 보기 시작하면―두려워하거나 억누르거나 피해야 할 대상으로 보지 않고 특정한 조건에서는 유익하다고 보면―어떨까? 사회학자 고(故) 피터 버거(Peter Berger)와 철학자 안톤 지더벨트(Anton Zijderveld)는 그들의 저서 『의심에 대한 옹호』(In Praise of Doubt)에서 다음과 같이 말한다. "사람들이 장기간 서로 대화하면 그들은 서로의 생각에 영향을 끼치기 시작한다. 그런 '오염'이 일어나면 사람들은 다른 사람들의 신념과 가치를 뒤틀렸다고 규정 짓기가 점점 더 어려워짐을 발견한다.…천천히 그러나 확실히 어쩌면 이 사람들의 말에 일리가 있을 수도 있다는 생각이 슬며시 들게 된다."[4] 내가 인터뷰한 몇몇 그리스도인은 바로 이런 오염을 두려워하는 것으로 보인다. 하지만 우리가 의심이 더 탄탄한 믿음으로 인도할 수 있다고 보면 어떨까? 의심은 캔터베리의 안셀무스(Anselm of Canterbury, 1033-1109년경)가 말한 "이해를 추구하는 신앙"(fides quaurens intellectum)의 필수적인 부분이다.[5] 이것은 일찍이 아

---

3   RUS_Low/Mid-Low SES Houston Female Evangelical Church Int7, 2013년 9월 7일 인터뷰.

4   Peter Berger and Anton Zijderveld, *In Praise of Doubt: How to Have Convictions without Becoming a Fanatic* (New York: HarperOne, 2009), 10-11을 보라. 『의심에 대한 옹호: 의심의 폭력성을 치유하기 위한 의심의 계보학』, 산책자 역간.

5   의심 자체에 관한 것은 아니지만 매우 밀접한 관련이 있는 주제들에 관한 Daniel

우구스티누스(354-430년경)를 통해 강조된 신학 방법으로서, 이 방법에서는 우리가 신앙에서 시작하여 탐구, 질문, 의심을 통해 더 깊은 이해의 경지로 나아간다.

이 신학자들과 마찬가지로 나는 의심이 과학 공동체에서처럼 기독교 공동체에서도 힘과 미덕이 될 수 있으며, 우리가 의심을 미덕으로 인식하면 과학 및 과학과 신앙을 조화시키는 것에 좀 더 개방적인 태도를 지니는 데 도움을 받을 수 있다고 믿는다. 나는 또한 교회 공동체들이 과학이 제기한 의심과 씨름할 수 있는 생산적인 장소—아마도 **가장 생산적인** 장소—가 될 수 있으며, 과학을 좀 더 많이 수용하고 좀 더 강하고 회복력을 지닌 신앙으로 이끌어주는 방식으로 이런 의심들을 탐구하게 해줄 수 있다고 믿는다.

종교와 과학을 조화시키기 위한 내 여정은 의심의 위기와 함께 시작되었다. 내가 열 살 때 주먹을 쥐지 못하게 된 적이 있었다. 이후 내 발은 붓기 시작했고 한 시간 이상 서 있으면 걷기가 고통스러워졌다. 하지만 내 얼굴은 여전히 건강한 아이의 얼굴처럼 보였다. 1년 가까이 의료 검사를 받고 전문의와 상담을 한 후에야 나는 "진단 미확정 혼합 결합 조직 병"(undiagnosed mixed connective tissue disease)이라는 진단을 받았다. 내 질병은 아동 류마티스성 관절염 또는 최근에 한 영화 스타의 여동생의 목숨을 앗아간 후 잘 알려진 병인 피부 경화증과 비슷하게 보였다.

Migliore의 고전적인 작품인 *Faith Seeking Understanding: An Introduction to Christian Theology*, 3rd ed.(Grand Rapids: Eerdmans, 2014)을 보라. 『기독교 조직신학 개론: 이해를 추구하는 신앙』, 새물결플러스 역간.

나를 담당했던 의사들은 내가 스무 살이 되기 전에 아마도 걸을 수 없게 되고, 책 몇 권조차 들고 다닐 수 없게 되고, 임신하지 못하게 될 것이라고 말했다. 그 후 내 척추가 뒤틀리기 시작했다. 열한 살 때 나는 척추가 휘어지는 척추측만증 진단을 받았다. 내가 열세 살이 되었을 때, 의사들은 내 척추가 구부러진 방향으로 자라지 않도록 척추 교정기를 만들어서 내게 그것을 하루에 스물두 시간씩 착용하게 했다. 나는 지금도 내 척추를 고정하기 위한 척추 교정기의 주조 과정을 기억한다. 나는 얇은 전신 스타킹을 신고 있었고, 주조 기술자가 내 몸 전체에 석고 반죽을 발랐다. 그러고 나서 그는 주형을 만들기 위해 내 몸의 가운데 부분을 세게 두드리면서 석고 반죽을 매끄럽게 다듬었다. 한 시간 정도 다듬는 작업을 한 후 주조 기술자는 표면의 석고 틀을 잘라냈고, 나는 전신용 얇은 스타킹을 신은 채 서 있었다.

나는 옷 아래에 그 교정기를 착용하고 고등학교에 입학했다. 내가 상체를 똑바로 세우고 있으면 아무도 그것을 볼 수 없었다. 하지만 내가 바닥에 무언가를 떨어뜨리고 그것을 줍기 위해 구부리면, 사람들은 내 셔츠 위로 교정기가 튀어나오는 것을 볼 수 있을 터였다. 나는 어떤 것도 땅에 떨어뜨리지 않기 위해 많이 노력했고, 새로운 기술들을 개발했다. 예를 들어, 밴드에서 선생님이 창문을 열면 교실 안으로 바람이 조금만 불어와도 우리가 사용하는 악보가 가끔 보면대에서 떨어지곤 했다. 나는 (실로폰과 비슷하게 생긴) 타악기인 말렛을 연주했는데 악보가 바닥에 떨어지기 전에 말렛으로 그것을 잡는 일에 점점 능숙해졌다. 내 척추측만증을 치료하기 위한 수술은 거의 30년 전에 시행되었고, 내 등에 있는 15센티미터 정도의 가늘고 긴

흉터가 내 몸에 남아 있는 유일한 흔적이다.

　당시에 내 가족은 보수적인 침례교도였는데 나는 병이 진행되면서 신앙과 과학 모두에 대해 의심하기 시작했다. 나는 내가 의사들과 과학자들을 믿을 수 있는지 의심했다(내 가족 중 일부는 그들을 신뢰하지 않았고, 다른 일부는 그들을 존경했다). 나는 열 살 남짓한 아이의 건강이 무너지도록 허용하시는 하나님을 믿을 수 있을지 의심했다. 나는 내가 질병이 있는 상태에서 정상적인 삶을 살 수 있을지, 아기를 낳을 수 있을지, 심지어 살 수 있기나 할지에 대해 과학이 내게 무엇을 말해 줄 수 있는지 궁금했다. 나는 교회가 이런 질문을 하거나 내 의심을 알아보기에 절대로 안전한 장소가 아니라고 생각했으며, 이런 생각들 때문에 내 교회를 떠났다. 그리고 나는 연구를 통해 내 어린 시절의 경험이 독특하지 않음을 알게 되었다. 교회의 여러 상황에서 의심에 대한 두려움이 존재한다.

　의학이 나에 관해 예측한 내용에도 불구하고 나는 고등학생 때 달리기라는 육상 경기를 할 수 있었다. 신앙에 대한 의심이 다뤄지지 않아 교회를 떠난 아이들에 관한 사회학자들의 예측에도 불구하고 나는 교회로 돌아왔다. 현재 나는 걸을 수 있고, 책을 들고 다닐 수 있으며, 만약 당신이 일요일 아침에 나를 찾아온다면 내 딸이 친구들과 함께 우리 교회에서 뛰어다니는 모습을 볼 수 있을 것이다.

　나는 이제 의학의 힘을 의심하지 않는다. 나는 고관절 치환술 두 번 등 내 질병과 관련하여 수술을 여섯 번 받았다. 여전히 의사들은 종종 내 진료기록카드와 예후를 보고 "당신은 걸어 다니는 기적입니다"라고 말한다. 우리 교회에는―적어도 내 몸에 관한 한―내가 기적일지도 모른다고 생각하는 사람들이 있다. 나는 하나님이 의학적 수단을 통해 또는 의사들을 통해 내가 완전히 치유될 수 있도록 도우셨다고 믿는 그리스도인 의사들을 만났다. 그들은 의학은 하나님이 주신 선물이라고 생각하며, 의사는 하나님으로부터 섬기라고 부름을 받은 사람이라고 믿는다. 어떤 사람들은 내가 신적 치유를 경험했다고 믿는다. 어떤 사람들은 내가 왜 아직도 다리를 저는 날이 있는지 궁금해한다. 신앙의 힘을 의심하는 의사들도 있다. 그들은 내게 예후가 어떻게 변할 수 있는지 말하거나, 질병이 계속 악화될 것이라고 예측한다.

갈등을 넘어 앞으로 나아가기

몇 년 전에 나는 수행하고 있던 연구의 일부로서 뉴욕주 북부 농촌의 한 시골 교회에서 열린 그룹 모임에 참석했다. 그 모임에 참석한 여성 중 한 명이 내게 무슨 일을 하느냐고 물었고, 나는 그녀에게 코넬 대학교의 박사과정 학생이라고 말했다. 그녀는 "나는 내 아이들이 코넬 대학교에 다니는 것을 원하지 않았을 것입니다"라고 대답했다. 나는 충격을 받았다. 사람들 대다수는 코넬 대학교를 정상급 대학교로 생각한다. 내가 그렇게 생각하는 이유를 설명해 달라고 요청하자 그녀는 믿음이 연약한 자신의 자녀들이 코넬 대학교에 들어가면 그들이 마음에 신앙을 빼앗아갈 의심을 심어줄 수도 있는 과학자들을 만날지도 모르기 때문에 자신은 자녀들이 코넬 대학교에 가는 것을 원하지 않는다고 말했다.

목사들은 종종 과학과 관련된 주제나 기독교와 과학의 관계와 관련된 주제를 피한다. 그들은 그리스도인들이 과학—특히 종교적 아이디어와 모순되는 것 같다고 보일 수도 있는 특정한 과학적 발견 및 사상—에 노출되면 자신의 신앙의 측면들에 대해 의심하기 시작하고 결국 신앙에서 멀어지지 않을까 우려한다. 하지만 나는 그리스도인 부모와 목사들이 그들의 자녀들이 과학적 아이디어들을 탐구하거나 이해하지 못하게 막음으로써 그들을 의심으로부터 "보호"하려고 할 때, 오히려 실제로는 부모와 목사들이 아이들을 교회에서 쫓아내고 있을 수도 있다는 것을 발견했다. 이런 젊은이들은 신중한 의심을 경험하고, 과학에 대해 좀 더 개방적인 자세를 취하며, 신앙을 좀 더 강하게 만드는 방식으로 자신의 신앙과 공개적으로 씨름할 기회를 놓치게 된다.

나는 또한 교회에서 과학에 관해 이야기하지 않는 그리스도인들은 대개 가장 목소리가 큰 사람들이 그들에게 말하는 내용—모든 그리스도인은 과학에 적대적이고, 모든 과학자는 그리스도인에게 적대적이다—을 믿는다는 것을 발견했다. 언론 매체는 흔히 대다수 그리스도인, 특히 복음주의 그리스도인이 과학을 거부한다고 말한다. 좀 더 구체적으로 말하자면, 우리는 그리스도인들이 과학적 증거를 무시하고, 진화에 적대적이며, 기후변화에 회의적이고, 생명과학 (biomedical) 기술에 반대한다는 말을 듣는다. 기독교는 흔히 의심을 허용하지 않으며, 그 결과 때로는 반과학적인 어리석은 것들을 믿는 추종자들을 낳는 것으로 그려지고 있다.

이런 인식에도 불구하고 내가 그리스도인들을 대상으로 과학 및 자신의 신앙과 과학 사이의 관계에 관해 인터뷰했을 때 나는 매우 다른 실상을 발견했다. 나는 과학과 자신의 신앙 사이의 관계에 관해 생각할 때 의심을 경험하는 것에 대해 매우 개방적인 그리스도인들을 만났다. 나는 특히 수학 교사인 어느 복음주의 그리스도인이 기억에 남는다. 그녀는 우리가 의심과 올바로 씨름하면 의심이 인간의 미덕이 될 수 있다고 보았다. 그리고 그녀는 의심이 기독교 공동체에서 안전하고 정직하게 표현되어야 한다고 믿었다. 그녀는 "솔직히 나는 의심했습니다. 나는 아침에 눈을 뜨면 '하나님이 계시는가? 정말 하나님이 계시는가? 내가 믿는 것이 정말 사실인가?'라고 의심했습니다. 그것은 헛소리 같았습니다. 한 남자가 죽었다가 다시 살아났다고요? 누가 그걸 믿을 수 있겠습니까?"라고 말했다. 그녀는 다음과 같이 말했다. "나는 누구나 의심해본 경험들이 있다고 생각하는데, 나는 내 의심들을 의심합니다. 그리고 나는 이 믿음이 내게 갑자기 생겼다고 믿지 않습니다. 나는 하나님이 내게 신앙을 주셨다고 믿습니다."[6]

---

6   RUS_Mid-High/High SES Houston Female Evangelical Church Int6, 2011년 7월 14일 인터뷰.

경계 개척자들

나는 연구를 수행하면서 과학적 증거를 무시하고 과학에 적대적인 복음주의 그리스도인들을 만나기도 했지만, 과학이 그들의 신앙에 대해 제기하는 의심들을 해결하고 궁극적으로 과학을 수용하고 자신의 신앙을 굳게 지키는 방법을 발견한 사람도 많이 만났다. 어떤 사람들은 과학을 자신이 하나님의 사역을 좀 더 잘 이해하도록 돕는 도구나 소명으로 본다. 많은 사람이 과학이 자신의 신앙을 뒷받침한다고 생각한다.

나는 과학이 어떻게 믿음을 보강할 수 있는지 보여줄 필요가 있다고 생각한다(이것은 확신과는 다르다). 경계 개척자들—과학과 종교라는 두 세계에 사는 독실한 그리스도인이자 과학자로서 과학과 종교 사이의 경계를 무너뜨리는 사람들—은 우리의 모델들이다. 그들은 과학적 증거가 실제로 자기의 신앙의 눈을 열어 자신이 신비와 경외심으로 나아가게 해주었음을 우리에게 보여준다. 그들은 믿음이 반드시 확실성과 같을 필요가 없음을 보여준다. 신앙은 의심과 비판적 질문 및 더 많은 정보가 밝혀짐에 따라 생기는 관점의 변화를 **포함**하거나 그것들과 공존할 수 있다.

예를 들어, 내 연구는 복음주의자들의 거의 50퍼센트가 과학과 종교가 협력하고 서로를 뒷받침할 수 있다고 믿으며, 복음주의자인 과학자들의 67퍼센트가 과학과 종교가 협력할 수 있다고 믿는다는 것을 보여준다. 어느 복음주의 그리스도인은 "과학은 환상적입니다. 나는 이 점에 대해 하나님께 감사합니다. 하나님은 우리가 그분의 놀

라운 창조세계에 대해 알아내는 것을 원치 않으셨던 것 같지 않습니다"라고 말했다.[7]

내 연구는 또한 미국의 과학자들이 흔히 언론에서 우리에게 제시되는 고정관념보다 훨씬 더 종교적이라는 것을 보여준다. 내가 "일반 과학자"라고 부르는 사람들(최고의 연구 대학교 밖에서 일하는 과학자들) 중 65퍼센트는 그리스도인이며, 거의 21퍼센트가 복음주의자다.[8] 대학(교)에서 일하는 과학자 중 거의 4분의 1이 자신이 그리스도인이라고 밝혔다. 대학(교)에서 일하는 그리스도인 과학자들 가운데 80퍼센트 이상이 교회에 다니며, 거의 84퍼센트가 기도하고 있고, 58퍼센트가 성경의 권위나 영감을 긍정한다.[9]

자신을 그리스도인이라고 밝히는 과학자들은 흔히 신앙이 자신의 과학 연구를 보강한다고 믿으며, 어떤 이들은 신앙이 자신의 발견에 의미를 더한다고 본다. 혹자는 과학이 신앙을 강화할 수 있다고도 믿는다. 어느 복음주의 생물학자는 내게 "나는 과학을 직업으로 보지 않습니다. 나는 과학을 내가 하나님을 예배하러 오는 성당으로 봅니다"라고 말했다.[10] 한 유전학 교수는 그녀가 자신의 연구에서 하나님이 하시는 일을 어떻게 보는지와 그것이 자기의 기독교 신앙을 어떻

---

7   RUS_Mid-High SES Chicago Male Evangelical Church Int9, 2012년 6월 23일 인터뷰.
8   이 수치는 종교인의 과학 이해(Religious Understandings of Science) 연구에서 나왔다.
9   이 수치는 국제적 맥락에서 본 과학자들 사이의 종교(Religion among Scientists in International Context, RASIC) 연구에서 나왔다.
10 RC_03, 생물학, 부교수, 남성, 복음주의 언약교회, 2018년 2월 19일 인터뷰.

게 강화하는지 설명하면서 "우리가 연구하는 생물학에 표현되는 서열과 패턴, 게놈의 서열에 하나님의 말씀과 그분의 법칙들이 반영되어 있습니다"라고 말했다.[11]

나는 어느 일요일 아침에 여성 성경 공부 그룹에서 블라이드(내가 앞서 소개한 뇌와 신경계를 연구하는 교수)를 만났다. 그녀는 자신의 신앙이 자기가 하는 모든 일과 자신이 세상을 어떻게 인식하는지에 영향을 준다고 믿는다. 비록 그녀의 교회에 출석하는 몇몇 사람은 그녀가 그리스도인이면서 과학자일 수 있다는 사실을 믿기 어렵다고 생각하지만, 그녀는 자기의 과학 연구가 실제로 하나님에 대한 자신의 믿음을 긍정한다고 생각한다. 그녀는 다음과 같이 말했다.

> DNA나 신경계를 살펴보면 실제로 그 시스템들이 얼마나 질서정연한지 정말 놀랍습니다.…사물들은 일반적으로 점점 질서가 약해집니다. 그것들은 퇴화하고 더욱 무작위적으로 됩니다.…따라서 사물들이 좀 더 질서 있게 된다고 생각하는 것은…과학의 기본 전제 중 하나를 위반합니다. 따라서 우리는 "어떻게 이런 일이 일어났을까? 어떻게 이 모든 질서가 무작위적으로 생겼을까?"를 생각해 보아야 합니다. 그것은 우리가 사물들이 작동한다고 생각하는 방식이 아니기 때문입니다. 따라서 신앙의 배경이 없는 사람은 모든 질서를 창조한 존재, 즉 창조주가 존재할지도 모른다는 사실을 제대로 이해하지 못합니다.[12]

---

11 RC_04, 유전학, 교수, 여성, 그리스도인, 2018년 3월 4일 인터뷰.
12 RUS_Mid-High SES Houston Female Evangelical Church Int18, 2012년 5월 29일 인터뷰.

그리스도인 과학자들은 그들의 동료 그리스도인들로 하여금 과학의 영역으로 들어가 과학이 우리의 신앙을 한층 더 표현하고, 사용하고, 삶으로 구현하는 데 어떻게 도움을 줄 수 있는지를 알도록 도와줄 수 있다. 그리스도인 과학자들은 또한 젊은 그리스도인들―특히 과학 또는 기술과 관련된 직업에 종사할 것을 고려하는 이들―이 과학과 종교 사이에 갈등이 있다는 일반적인 인식에 어떻게 접근할 것인지 이해하며, 과학 연구가 어떻게 사명이나 소명이 될 수 있는지 알도록 도울 수 있다.

내가 앞서 언급했듯이, 나는 지난 4년 동안 텍사스주 휴스턴에 소재한 교회에서 신앙과 과학에 관한 프로그램을 인도해왔다. 내가 출석하는 그 교회의 신도 수는 약 400명인데, 그런 규모의 교회는 텍사스주에서 중소형 교회로 여겨진다. (내가 자란 뉴욕주의 북부에서라면 400명이 모이는 교회는 초대형 교회로 여겨졌을 것이다!) 나는 또한 내가 출석하는 교회와 미국 전역의 다른 교회들에서 기독교와 과학에 관한 내 연구의 일부를 공유했다. 나는 신도들이 과학과 종교에 관한 대화를 갈망한다는 것과, 그들이 동료 그리스도인들은 무엇을 믿는지, 그리고 그들의 신앙을 어떻게 과학과 조화시키는지 듣고 싶어 한다는 것을 알게 되었다. 신자들은 과학과 자신의 신앙을 통합하는 문제에 대한 지침을 구하고 있다.

나는 그리스도인 수백 명에 대한 설문 조사와 인터뷰를 수행하면서 그들은 종종 과학을 통해 제기된 의심을 포함한 의심들을 표출할 안전한 장소를 찾고 있다는 것도 발견했다. 나는 엘리트 대학교에서 과학 분야의 대학원에 재직 중인 한 유전학자가 헌신적인 그리스도인으로서 종종 외로움을 느낀다고 말한 것이 기억난다.[13] 그는 자신의 경험과 두려움에 관해 이야기할 수 있는 지역 교회를 갈망했다. 나는 또한 앞서 언급되었던, 진화와 기후변화를 연구하는 과학자인 사라에 관해서도 생각한다. 그녀는 진화에 대해 좀 더 많이 배우기 시작했을 때 자기의 믿음에 관해 다소 의심하기 시작했다. 그녀는 자기의 교회 공동체에서 이런 의심들을 표현하는 것이 어떠했는지를 다음과 같이 말했다. "나는 과학과 신앙 사이에 갈등 모델을 채택하는 교회에서 자랐습니다. 내가 과학계에서 일하는 것에 관심이 생기기 시작했을 때까지는 괜찮았지요. 내가 자연 과학, 특히 진화에 좀 더 관심이 생기게 될 때까지는 말이에요. 그리고 나는 '이봐요, 당신은 그리스도인이나 과학자 중 하나이기를 선택할 수 있어요. 당신은 둘 중 하나를 선택해야 할 겁니다'라는 식의 압력을 받았습니다."[14] 다행히도 사라는 그리스도인이면서 과학자가 되는 방법을 찾았지만, 지지하는 기독교 공동체가 있었더라면 그녀의 신앙이 얼마나 더 강화될 수 있었겠는가?

신실한 공동체에서 의심이 반드시 해로운 것은 아니다. 의심은 성장과 발전을 위한 기회로 이어질 수 있다. 기독교 공동체들은 의심을 우리의 신앙을 철저히 조사하는 도구이자 우리의 신앙의 기개를 시험하고 증명할 어려운 질문을 던지기 위한 강력하고 유용한 도구로 여기고, 의심을 수용할 수 있다. 과학을 통해 제기된 의심들이 반

---

13 RC_07, 유전학, 부교수, 남성, 복음주의 그리스도인, 2018년 5월 9일 인터뷰.
14 RC_08, 진화생물학과 기후변화, 연구원, 여성, 기독교 개혁교회, 2018년 3월 21일 인터뷰.

드시 그리스도인들을 신앙에서 멀어지게 만드는 것은 아니다. 내 경험―그리고 내가 연구를 수행하면서 만난 많은 사람의 경험―에 비추어 볼 때, 우리의 교회들과 기독교 공동체들에서 신중하고 생산적으로 다뤄진다면, 그 의심은 우리의 신앙을 연마하고 강화할 수 있는 잠재력을 지니고 있다.

내가 코넬 대학교 학부 시절에 가입한 기독교 공동체는 내가 신앙을 되찾게 해주었고, 내가 과거에 떠났던 교회와는 딴판인 지역 교회로 나를 안내했다. 그곳의 안전한 품 안에서 내 의심이 공개적으로 표출되었고, 차츰 내 신앙이 깊어졌다. 그리고 바로 이런 방식으로 예수가 도마를 다시 찾아오셨고, 자비롭게도 도마가 자신을 볼 수 있게 해주셨다. 요한복음 저자는 이렇게 말한다. "여드레를 지나서 제자들이 다시 집 안에 있을 때에 도마도 함께 있고 문들이 닫혔는데 예수께서 오사 가운데 서서 이르시되 '너희에게 평강이 있을지어다!' 하시고"(요 20:26). 그러고 나서 예수가 도마에게 말씀하시고 특별히 도마의 의심을 다루신다. "네 손가락을 이리 내밀어 내 손을 보고 네 손을 내밀어 내 옆구리에 넣어 보라. 그리하여 믿음 없는 자가 되지 말고 믿는 자가 되라"(20:27). 그러자 도마는 경외하는 마음으로 "나의 주님이시요 나의 하나님이시니이다"라고 대답한다(20:28).

나는 우리가 의심이라는 과학적 미덕을 종교적 미덕으로도 여겨야 한다고 생각한다. 기독교 공동체들은 의심이 존중되는 장소가 되어야 한다. 신중한 의심은 두려워해야 할 대상이라기보다는 더 큰 창의성과 경외심으로 가는 경로가 될 수 있다. 작가 앤 라모트(Anne Lamott)의 말마따나 "폴 틸리히(Paul Tillich)의 말을 다른 말로 바꿔 표현하자면, 신앙의 반대는 의심이 아니라 확신이다."[15]

그리고 확신은 하나님은 신이시고 우리는 신이 아니라는 점을 망각한 채 요점을 완전히 놓치고 있을지도 모른다. 하지만 신앙은 혼란, 공허, 미지의 대상들에 대한 불안을 정직하게 인정하는 것을 포함한다. 신앙은 이 모든 요소를 안전한 공동체 안에 두고, 새로운 빛이 다시 찾아올 때까지 그것들이 그곳에 머무르게 하는 것을 의미한다.

―――――――――――――― **추가 토론** ――――――――――――――

1. 당신이 자신의 신앙에 관해 의심을 느꼈을 때를 말해보라.
2. 당신은 그 의심을 어느 정도까지 해결했는가?
3. 과학이 당신의 신앙에 영향을 주거나 당신의 신앙을 의심하게 했는가? 과학으로 인해 신앙에 의심이 생겼다면 이 의심들에 대해 누군가와 상의한 적이 있는가? 당신은 교회에서 자신의 의심에 관해 논의하는 것이 편하게 느껴지는가?
4. 당신의 교회는 신도들이 그들의 의심에 대해 좀 더 자유롭게 논의하도록 돕기 위해 어떻게 변할 수 있는가?

―――――――――

15　Anne Lamott, *Almost Everything: Notes on Hope* (London: Penguin, 2018), 131.

6장

겸손

나를 포함한 많은 사람이 미덕으로서의 의심을 실천하면 우리가 겸손해질 수 있다. 예를 들어, 내가 연구를 처음 시작했을 때 누가 내게 **종교인**이면서 과학자가 될 수 있는 다양한 방법이 있는지 물어보았다면 나는 "물론입니다"라고 말했을 것이다. 누가 내게 **무신론자**이면서 과학자가 될 수 있는 여러 방법이 있는지 질문했다면, 나는 아마도 "별로 없습니다"라고 말했을 것이다. 어떤 종류의 무신론자든 무신론자라는 말은 정의상 단순히 하나님을 믿지 않는다는 의미다. 나는 내가 옳다고 확신했다. 하지만 나는 사회학자로서 내 전제, 특히 집단들의 특성에 관해 내가 갖고 있던 전제들을 의심하는 법을 배웠다. 15년 동안 과학자들에 관해 연구한 결과 나는 과학자들 사이에 영적 무신론자와 종교적 무신론자 등 여러 종류의 무신론자들이 있음을 알게 되었다. 이런 다양성을 발견한 것은 내가 연구를 통해 겸손해지고 한 가지 주제에 관해 이전에 갖고 있던 생각을 바꾼 한 가지 사례에 지나지 않는다.

겸손은 우리 자신의 이해, 능력, 관점의 한계를 인식하는 것이다. 겸손은 우리가 하나님이 아니라는 사실을 인식하는 것이다. 때때로 우리는 이 점을 고생하면서 깨닫는다. 때로는 당신이 시간을 정복하리라고 생각했다가 결국 발가락을 보라색 붕대로 싸매 엄청나게 생산적인 삶을 살고자 했던 당신의 노력이 무산되기도 한다. 몇 년 전에 나는 발톱이 살 속으로 파고들어 고통스러웠다. 그것은 별로 큰 문제가 아닌 것처럼 들린다. 하지만 내가 진료실에 앉았을 때 내 발가락은 부어 있었고, 나는 심한 통증을 느꼈다. 내 발가락을 살펴본 족부 전문의가 내 발가락이 감염되어 있으니 즉시 치료를 받아야 한다고 말했다. 그는 내게 발톱이 추가 감염을 일으키지 않도록 발톱 절제술이라는 작은 수술을 받아야 한다고 말했다. 그는 또한 내가 운이 좋아 자기가 나를 당장 수술할 수 있다고 말했다.

나는 오랫동안 병원을 무서워했다. 나는 바늘과 피도 무서워했다. 하지만 의사가 당신에게 심각한 문제가 있어서 수술이 필요하다고 말하면 비록 그것이 사소한 문제일지라도 당신은 의사의 말을 듣는다. 나는 몇 년 동안 건강상의 문제를 겪었고 박사 학위를 취득하느라 여러 해를 보냈지만, 건강 문제에 관한 한 의사만큼 알지 못한다는 사실을 안다. 나는 내 지식이 제한적이라는 것을 인정한다. 하지만 나는 내 시간이 제한적이라는 사실은 선뜻 인정하지 않는다.

작은 수술 후에 의사는 내게 집에 가서 쉬어야 한다고 말했다. 나는 그 의사에게 내가 오후에 주요 대학교의 지도자와 몇 시간 동안 회의할 예정이라는 것을 말하지 않았다. 나는 가벼운 수술 때문에 내 계획을 바꿀 생각이 없었다. 나는 약간 절뚝거리며 문밖으로 나갔다. 그리고 내 발이 출구의 문에 세게 부딪혔을 때 내 발이 아직 마취에서 덜 풀려서 나는 그것을 느끼지 못했다. 나는 베이지색 붕대가 피로 완전히 붉게 변해 있는 것을 내려다보았다. 나는 진료실로 돌아가 도움을 요청했다. 하필 진료실에는 베이지색 붕대가 다 떨어지고 보라색 붕대만 남았다. 간호사가 여러 번 내 발에 붕대를 감아주었는데, 그 사건은 내가 내 몸을 돌보고, 일하는 속도를 늦추고, 쉴 시간을 가져야 한다는 점을 확실히 상기시켜 주었다. 때때로 우리 자신의 한계를 말해주는 신호들이 있다. 예를 들어, 보라색 붕대로 싸맨 발가락처럼 말이다.

우리는 그리스도인으로서 겸손이라는 신학적 개념에 익숙하다. 우리의 신앙은 하나님은 신이시고 우리는 신이 아니라는 것과, 인간에게는 한계가 있고 하나님의 마음을 알기에는 우리가 지닌 능력이 제한적이기 때문에 우리는 결코 완전한 진리를 알 수 없다는 것을 우리에게 상기시켜 준다. 이는 진리가 없다는 뜻이 아니라, 목사이자 신학자인 유진 피터슨(Eugene Peterson)이 성경을 다른 말로 풀어 쓴 『메시지 성경』(*The Message*)에서 말하듯이 인간으로서 "우리는 아직 모든 것을 명확하게 보지 못한다"는 뜻이다. 그는 고린도전서 13:12을 다음과 같이 번역한다. "우리는 안개가 자욱한 가운데 눈을 가늘게 뜨고 안개 속을 들여다보고 있습니다. 하지만 머지않아 날씨가 개고 해가 밝게 비칠 것입니다! 우리는 그때 모든 것을 보게 될 것입니다. 하나님이 우리를 보시는 것과 같이 모든 것을 분명하게 보고, 그분이 우리를 아시는 것처럼 우리도 그분을 직접 알게 될 것입니다!" 달리 말하자면 우리는 하나님을 대면하여 뵐 때 비로소 모든 것을 알 수 있다. 이 땅에 사는 동안 우리는 모두 인간의 제한된 지식으로 인해 제약을 받는다.

겸손, 특히 지적 겸손은 과학의 핵심적인 미덕이기도 하다. 철학자 로버트 페녹은 자신이 수행한 과학의 미덕들에 관한 연구에서 "증거에 대한 겸손"은 "모순되는 결과들에 직면했을 때 선호되는 가설을 기꺼이 포기할 용의"로 정의된다는 것을 발견했다.[1] 내 연구는 과학자들이 이해와 진리를 추구할 때 겸손을 어떻게 실천하는지 조사했다.

과학 분야에서의 겸손

알베르트 아인슈타인은 벨기에 여왕에게 보낸 편지에서 "전하께 우리를 마주하고 있는 물리학의 신비에 관해 말씀드린 것이 제게는 큰 기쁨이었습니다. 인간으로서 우리는 인간의 지성이 존재하는 것들과 직면했을 때 명확하게 알기에는 그 지성이 얼마나 부적절한지를 명확하게 알 수 있는 충분한 지능을 부여받았습니다. 그런 겸손이 모든 사람에게 전해질 수 있다면, 인간 활동의 세계는 좀 더 매력적으로 변할 것입니다"라고 말했다.[2]

---

1   "Character Traits: Scientific Virtue," *Nature* 532, no. 7597 (April 2016): 139, DOI:10.1038/nj7597-139a.

2   Helen Dukas and Banesh Hoffman, eds., *Albert Einstein the Human Side: Glimpses*

지적 겸손을 실천하는 과학자들은 기꺼이 "자신의 견해를 재고하고, 도전받을 때 방어적인 태도를 피하며, '옳게' 보이고 싶은 자신의 필요를 누그러뜨린다." 그들은 "좀 더 깊은 지식, 진실, 이해를 추구하기 위해 그들의 지적 한계를 인식하고 그것을 인정한다."[3] 달리말하자면 그들은 과학의 도구들이 우리가 세상과 자연을 이해하도록 도와주지만, 인간의 지식과 이해가 제한적이라는 것을 인정한다. 그들은 자신이 틀릴 수도 있음을 인식하면서 자신의 발견 사항에 대해 열린 자세를 취한다. 노벨상을 받은 물리학자 수브라마니안 찬드라세카르(Subrahmanyan Chandrasekhar)의 말로 표현하자면 "자연은 자연의 밑바탕을 이루는 진리가 가장 탁월한 지성을 초월한다는 것을 거듭 보여주었다."[4]

종교와 과학 분야 박사 학위 소지자인 보스턴 정신문화센터 연구원 코너 우드(Connor Wood)는 과학과 겸손에 관해 다음과 같이 말한다.

나는 과학이 우리에게 세상에 대해 숙고하고 세상에 관한 우리의 아이디어들을 검증하는 방법을 찾아낼 수 있는 놀라운 도구들을 제공한다고 생각한다. 하지만 우리의 아이디어들은 항상 우리의 아이디어들

---

    from His Archives (Princeton: Princeton University Press, 2013), 48.

3   "Character Virtue Development: Intellectual Humility," John Templeton Foundation, 2019, https://www.templeton.org/discoveries/intellectual-humility.

4   Allen Hammond, ed., *A Passion to Know: 20 Profiles in Science* (New York: Scribner, 1984), 5에 인용됨.

일 뿐이다. 세상은 정의상 언제나 우리의 생각보다 더 크고, 더 나쁘며, 더 거칠고, 더 복잡하다.…세상을 설명하는 모델들을 만들기 위해서는 세상을 단순화시켜야 한다. 그렇다고 해서 우리의 모델들이나 아이디어들이 정확하지 않거나 유용하지 않다는 뜻은 아니다. 전혀 그렇지 않다!…과학이 효과적으로 작동한다고 해서 과학이 반드시 세상에 관한 진실을 100퍼센트 말해주는 것은 아니다. 그리고 과학이 성공했다고 하더라도 우리는 여전히 겸손할 필요가 있으며 그것도 철저하게 겸손해야 한다. 이것은 과학자와 비과학자, 종교인과 회의론자 모두에게 적용된다. 우리의 확신이 아무리 강할지라도 우리는 항상 우리의 신념을 다시 조사하고 예기치 않은 사태에 열려 있을 여지를 남겨야 한다. 그렇지 않으면 세상에 관한 우리의 생각이 돌덩이처럼 굳어진다. 그리고 돌은 불투명하다.[5]

과학의 한계

많은 그리스도인 과학자에게 있어 자신의 연구와 관련된 겸손은 부분적으로는 비록 자기가 아직 다 이해하지는 못하지만, 하나님에 의해 이치에 맞는 법칙과 질서에 따라 창조된 우주를 이해하려고 노력하고 있다는 믿음에서 나온다. 수학자이자 천문학자였던 요하네스

---

5 Connor Wood, "Science and Humility," Patheos, *Science on Religion* (blog), July 20, 2013, https://www.patheos.com/blogs/scienceonreligion/2013/07/science-and-humility.

케플러(Johannes Kepler)는 언젠가 "나는 단지 하나님이 어떻게 생각하셨을지를 생각하고 있었을 뿐이다"라고 말했다.[6]

내가 인터뷰한 사람들은 케플러의 정서와 비슷한 정서를 표현했다. 그들은 종종 과학을 통해 제기된 심오한 신학적 질문들로 인해 겸손해졌다. 과학이 다 알 수는 없지만, **한계가 있는 피조물**인 우리 인간이 우주에 관해 조금이라도 알 수 있다는 사실에 매우 큰 의미가 있었다. 어느 그리스도인 물리학자는 내게 이렇게 말했다. "과학자가 된다는 것은 우주가 이해될 수 있다는 것을 전제합니다. 그 전제는 합리적입니다. 그래서 내가 가장 좋아하는 인용구―그것은 신자와 비신자 모두와 공유할 수 있습니다―가운데 하나는 '우주에서 가장 이해할 수 없는 점은 바로 우리가 우주를 이해할 수 있다는 점'이라는 알베르트 아인슈타인의 말입니다. 그리고 그 점이 그의 기초였고…특히 물리학 같은 분야에 종사하는 우리가 직면하는 질문입니다. 우주가 왜 이해될 수 있을까요?"[7]

겸손은 종종 과학의 미덕이라고 칭송되지만, 그리스도인들은 때때로 종교를 갖고 있지 않은 과학자들이 과학에 한계가 있을지도 모른다는 점을 잘 인식하지 못한다고 생각한다. 그리스도인들은 특히 과학의 윤리적 함의에 관한 문제에서 과학자들이 지식을 추구하고 세상을 이해하는 다양한 방식이 존재한다는 아이디어에 대해 열려 있지 않다고 생각한다. 어느 생물학자는 내게 다음과 같이 말했

---

6   *New World Encyclopedia*, s.v. "Johannes Kepler," May 12, 2018 최종 수정, http://www.newworldencyclopedia.org/entry/Johannes_Kepler.

7   RC_05, 플라스마 물리학, 연구 교수, 남성, 복음주의자, 2018년 3월 7일 인터뷰.

다. "많은 과학자가 과학적 틀 안의 관행들에 매몰된 나머지…세상에는 과학적 틀 외에도 사물을 이해하는 여러 방식이 있음을 기억하지 못합니다. 그러한 사고의 틀은, [잠시 멈추고 한숨을 쉼] 신앙에 매우 큰 도전이 될 수 있습니다."[8]

내가 인터뷰했던 과학 분야에 종사하는 그리스도인들은 종종 특히 다른 그리스도인들과의 관계에서 지적 겸손을 실천하는 것으로 보이지 **않는** 과학자들에 관해 자주 이야기했다. 하지만 과학계에 종사하는 많은 사람 역시 다 아는 것처럼 행동하는 과학자들을 좋아하지 않는다. 예를 들어, 『만들어진 신』(*The God Delusion*)의 저자이자 저명한 지식인인 리처드 도킨스(Richard Dawkins)에 대한 과학자들의 반응을 조사한 연구에서 나는 도킨스가 종종 과학 비평가들에게 어떻게 과학과 과학자들을 왜곡하는 것으로 인식되는지를 보여준다. 내가 인터뷰한 영국의 어느 과학자 집단은 자기들은 도킨스가 종교나 과학에 관해 말하는 방식을 좋아하지 않는다며, 도킨스가 대중과의 접촉에서 과학이 종교보다 우월하다고 주장함으로써 과학이 할 수 있는 일을 잘못 나타내고 있다는 생각이 든다고 말했다. 학생들에게 과학의 한계를 어떻게 강조할지 얘기하던 무신론자인 어느 생물학자는 내게 이렇게 말했다. "리처드 도킨스를 좋아하는 사람들이 있습니다.…도킨스는 철저한 무신론자입니다. 그는 다른 과학자들이 가능하다고 생각하는 수준보다 증거가 훨씬 더 많은 것을 입증한다

---

8   RC_08, 진화생물학 및 기후변화, 연구원, 여성, 기독교 개혁교회, 2018년 3월 21일 인터뷰.

고 생각합니다.…나는 [학생들이] 그들의 삶에서 [과학을] 발전시키기를 원합니다. 그리고 나는 과학이 **실제로** 어떤 문제를 직접 **다루는지**를 이해할 필요가 있다고 생각합니다."[9]

내 연구팀과 내가 인터뷰한 많은 과학자는 특히 도킨스가 과학에 관해 겸손하지 않으며, 과학적 탐구의 한계와 제약을 전달하지 않음으로써 지적 겸손이라는 과학의 미덕을 저버리고 있다고 믿는다. 신의 존재를 부인하는 많은 과학자는 도킨스가 대중들에게 모든 과학자가 자기와 비슷한 종류의 무신론을 공유한다―또는 공유해야 한다―는 잘못된 인상을 준다고 생각한다. 그들은 또한 도킨스가 과학자들이 새로운 아이디어에 개방적이기보다는 독단적이라고 보이게 한다는 우려를 표명했다. 그들은 의미나 목적 또는 하나님의 존재와 관련된 질문들은 부적절한 것이 아니라 단지 과학의 범위 밖에 있다고 믿는 무신론자들이 많다고 생각한다.

이 대목이 바로 무신론자인 과학자와 그리스도인인 과학자가 동의할 수 있는 지점이다. 무신론자인 과학자들은 신앙의 중요성에 관해 동의하지 않지만, 과학이 어느 것이나 다 설명하지는 못한다는 점에 동의할 수 있다. 예를 들어, 내가 인터뷰한 그리스도인 생물학자는 다음과 같이 말했다. "나는 우리가 과학이 완전한 세계관이 아니며…모든 과학적 발견에는 우리가 알아낸 것은 하나님의 행동을 고려하지 않을 때 세상에 대한 최상의 설명이라는 주석이 붙는다는 점을 받아들인다고 생각합니다. 우리가 하나님의 행동을 신학적 또

---

9   RASIC_UK08, 생물학, 교수, 남성, 2013년 12월 2일 인터뷰.

는 성경적 관점에서 생각할 수 있다는 점을 고려한다면, 우리의 답이 바뀔 수도 있을 것입니다. 과학은 불완전한 세계관의 하나일 뿐이기 때문입니다."[10]

내가 수행한 어느 조사에서 나는 미국 인구의 약 31퍼센트와 복음주의 개신교 신자들의 약 50퍼센트는 충분한 시간이 주어진다 해도 과학이 이 세상의 모든 것에 대해 자연적인 설명을 제공할 수 있으리라고 생각하지 **않는다**는 것을 발견했다. 과학 분야에 종사하는 복음주의 그리스도인의 16퍼센트와 과학 분야에 종사하는 주류 개신교 신자들의 23퍼센트만이 과학이 우리의 세상에 대해 완전히 자연적인 설명을 제공하리라는 데 **동의한다.**[11] 교회에 다니는 사람들은 대다수 과학자가—그들이 그리스도인이든 비그리스도인이든—과학에 대해 겸손하게 접근한다는 점을 이해할 필요가 있다.

인간 관계상의 겸손

나는 몇 년 전에 의과학 박사과정 학생인 아만다 킹(Amanda King)이 쓴 글을 읽었다. 그 글에서 그녀는 다른 의사들과 연구원들이 자신의 논문 프로젝트와 관련하여 협력 가능성을 타진하기 위해 자신을 찾아온 일에 관해 설명했다. "회의를 시작한 지 두 시간쯤 후에 나는 그

---

10   RC_03, 전산 생물학, 부교수, 남성, 복음주의 언약교회, 2018년 2월 19일 인터뷰.
11   이 수치는 종교인의 과학 이해(Religious Understandings of Science) 연구에서 나왔다.

회의실에서 나만 아직 박사 학위를 받지 않았다는 것을 깨달았다. 하지만 수십 년의 경험을 쌓은 이 놀라운 과학자들은 대학원 2년생인 나를 동등하게 대했다.…내가 그들과 동등한 수준에 놓여야 할 이유가 전혀 없었다.…그런데 그들은 왜 나를 그렇게 과분하게 존중했을까?" 킹은 계속해서 다음과 같이 말했다. "겸손은 온화함을 의미하지 않는다. 겸손은 무조건 존경하는 것을 의미하지 않는다. 겸손은 당신이 자신의 과학적 발견을 믿을 때를 포함하여 당신이 믿는 것을 옹호하지 않는 것을 의미하지 않는다. 겸손은 틀릴 수 있다는 가능성에 열려 있으며, 다른 사람들―당신의 선배, 동료, 후배―의 아이디어들을 기꺼이 고려하고 존중하는 것을 의미한다."[12]

내 연구와 과학 분야에서의 경험을 통해 나는 인간 관계상의 겸손뿐만 아니라 지적 겸손과 환대―사람들의 지위와 관계없이 다른 사람들의 아이디어에 대한 친절과 존중을 구현하는 것―가 밀접한 관련이 있다는 것을 발견했다. 우리 **자신**의 이해, 능력, 관점에 한계가 있음을 인정할 때 우리는 겸손해지고 다른 사람들의 한계에 대해 친절해질 수 있다. 나는 또한 나를 포함한 과학자들이 인간관계에서 겸손을 실천하기가 쉽지만은 않다는 점도 알게 되었다. 어떤 과학자가 내게 과학 분야에서 "종종 인간의 존엄성을 별로 고려하지 않고 개인들을 가혹하게 다루는 것으로 보입니다"[13]라고 말했듯이 경쟁

12 Amanda King, "Humility in Science: Because Science Always Wins," In-Training, July 6, 2016, http://in-training.org/humility-science-science-always-wins-11239.

13 Elaine Howard Ecklund, *Science vs. Religion: What Scientists Really Think* (New York: Oxford University Press, 2010), 38.

이 매우 치열할 수 있다. 과학자들은 종종 그들의 수고가 열매를 맺으리라는 보장이 없음에도 믿을 수 없을 정도로 오랫동안 일한다. 우리는 흔히 자신이 하는 일에 너무 몰두한 나머지 우리가 매일 관계를 맺고 있고, 존중해야 마땅할 사람들의 공동체를 잊을 수 있다. 우리는 또한 제도화된 지위와 명성에 지나치게 관심을 기울일 수 있다. 그러나 나는 또한 많은 과학자가 직장 내 인간 관계상의 겸손을 실천하는 것을 매우 중요하게 생각한다는 것을 발견했다.

최근에 나는 지적 겸손과 인간 관계상의 겸손을 **실천**하는 것에 관해 많이 생각하고 있다. 나는 내가 라이스 대학교에서 이끄는 "종교와 공공 생활 프로그램"을 통해 일터에서 인간 관계상의 겸손을 실천하려고 노력한다. 이 프로그램의 다른 리더들과 나는 엘리트 학계에서 매우 흔한 끝없는 경쟁, 지위와 명성의 숭배를 의도적으로 전복하기를 원한다. 우리는 의도적으로 학부생, 대학원생, 박사 학위 취득 후 연구원, 전임 직원 등 팀의 모든 구성원으로부터 정기적으로 의견을 구하는 협업 환경을 조성함으로써 인간 관계상의 겸손을 실천하고자 노력한다. 이를 위해 매주 한 번씩 모든 팀원이 원탁을 두고 모여 아이디어와 피드백을 제공할 기회를 부여받는다. 우리는 또한 이 시간에 서로의 성공을 축하한다.

나는 내가 인터뷰한 그리스도인 과학자들 사이에서 인간 관계상의 겸손이 특히 강조된다는 것을 발견했다. 나와 대화한 몇몇 그리스도인 과학자는 내게 동료들과 제자들을 돌보는 일이 자기에게 매우 중요하다고 말했다. 그들은 또한 그들 주변에 있는 사람들이 확실히 관심과 존중을 받도록 하는 것이 중요하다고 말했다. 그들은 자기의 동료들과 제자들을 하나님의 형상대로 창조된 사람들로 본다.

한 복음주의 그리스도인 생물학자는 그가 어떻게 겸손을 통해서 자신이 근무하는 곳의 조직 문화를 바꾸려고 노력했는지에 대해 이야기했다. "나는 과학은 아이디어들과 방법론들의 집합체 이상이라는 인식이 좀 더 늘어나게 하고 싶었습니다. 그것은 단순한 직업 이상입니다. 그것은 단순한 방법 이상입니다. 그것은 예수께서 사랑하시는 사람들의 공동체입니다."[14] 또 다른 과학자는 사람들의 지위나 배경과 무관하게 "그리스도인으로서 도덕적 책무가 자신이 다른 사람들을 대하는 방식에 어떻게 영향을 주는지" 설명했다. 그녀는 다음과 같이 말했다. "그리스도인으로서…나는 사람들이 평등하며 모든 사람이 자신을 본질적으로 가치 있게 만드는 선에 대한 잠재력을 지니고 있다고 믿는데, 그것은 매우 기독교적인 신념입니다."[15]

한 생물학자는 자기의 동료 중 몇 명은 매우 경쟁적이며 겸손이라는 자질을 잊어버린 것처럼 보인다고 말했다. 그는 자신이 직장에서 실천하는 겸손은 신앙에서 나오며, 그로 하여금 자신의 업무와 능력 면에서 안전하다고 느끼게 해주고, 자기 주위의 과학자 공동체와 거리낌 없이 교류함으로써 지식을 넓힐 수 있게 해준다고 설명했다. 그는 자신의 만족감이 "기독교 신앙에 대한 나의 이해에서 비롯되었고, 나를 해방해서 잠재적인 경쟁자들과의 관계를 포함하여 진정한 관계를 발전시킬 수 있게 해주었습니다"라고 설명했다. 그는 자기의

---

14   RC_03, 생물학, 부교수, 남성, 복음주의 언약교회, 2018년 2월 19일 인터뷰.

15   RAAS_PS 4, 2005년 6월 21일 인터뷰. Ecklund, *Science vs. Religion*, 39을 보라.

신앙이 자기가 학생들을 대하는 방식에 "항상 영향을 줍니다"라고 말했다. 그는 "나는 힘닿는 데까지 사람들을 돕는 삶을 살고자 노력했습니다. 거기에는 내 학생들도 포함됩니다"라고 말했다. "그들의 성공은 나의 성공입니다. 그리고 나는 [그리스도인으로서] 내가 받은 가정교육이 분명히 그것에 영향을 미친다고 생각합니다."[16]

나는 종교가 없는 많은 과학자가 인간 관계상의 겸손을 보여주고, 그들의 동료들과 학생들을 존중하며, 시간을 내 그들을 격려하고 보살피며 그들에게서 배우는 반면(나는 특정한 종교를 신봉하지 않는 학문상의 동료들로부터 살뜰한 보살핌을 받았다는 점을 분명히 밝히고 싶다), 그리스도인 과학자들은 자신의 신앙에 기초하여 동료들 및 학생들과 관계를 맺을 때 겸손한 자세를 취한다는 점을 분명히 밝히는 경향이 있음을 발견했다. 달리 말하자면 많은 그리스도인 과학자가 일터에서 그들의 신앙에서 비롯된 특별한 유형의 인간 관계상의 겸손을 보여준다. 그들은 자신이 기독교의 미덕으로 여기는 겸손을 과학의 미덕으로도 전환한다.

일부 그리스도인 과학자는 과학자들이 신자들을 포함한 대중을 겸손하고 존중하는 태도로 대하는 것이 얼마나 중요한지도 언급했다. 예를 들어 한 그리스도인 과학자는 자기가 과학 공동체 밖에 있는 신앙인들에게 자신의 과학 연구를 어떻게 그들이 이해할 수 있게, 그리고 그들을 존중하는 방식으로 소통하려고 노력하는지 다음과 같이 말했다.

---

16   RAAS_Bio 9, 2005년 7월 25일 인터뷰.

나는 [자연법칙을] 바라보고 실제로 그 이름을 붙일 수 있는 놀랍고 경외를 자아내는 경험을 합니다. 이것은 '와, 하나님이 이것을 만드셨는데, 하나님이 그것이 정교하게 작동하게 만드신 것이 얼마나 멋진가?'라는 느낌이 듭니다. 그래서 내게는 그것에 추가적인 의미가 있습니다.…내게는 그것을 사람들의 종교적 성향에 친근한 방식으로 그들에게 소통하는 것이 매우 중요합니다. 나는 과학의 메시지를 사람들의 구미에 맞추기를 원하며, 사람들이 있는 곳에서 그들을 만나기를 원합니다.[17]

우리가 이런 종류의 인간 관계상의 겸손과 지적 겸손을 보여주면 과학 공동체와 신앙 공동체 사이의 관계가 개선될 수 있다. 과학자들이 신앙 공동체의 믿음에 대해 겸손을 보여줄 때, 그들은 설사 의견이 일치하지 않을지라도 신앙 공동체들을 가르칠 기회를 얻게 된다. 그리고 종교인들이 과학자들을 향해 겸손을 보여줄 때 그들은 하나님이 어떻게 생명을 창조하시고 유지하시는지 좀 더 심도 있게 배울 기회를 얻게 된다. 비록 그것이 과학자들이 사용하는 정확한 언어는 아닐지라도 말이다.

---

17 RC_08, 진화생물학과 기후변화, 연구원, 여성, 기독교 개혁교회, 2018년 3월 21일 인터뷰.

기적

내가 인터뷰한 복음주의 그리스도인의 거의 절반이 "성경에 기록된 기적들을 믿는다고 단언했다."[18] 그리고 내가 복음주의 그리스도인들을 대상으로 특히 개인적인 기적 체험을 조사한 결과 39퍼센트 이상이 "기적적인 육체적 치유"를 목격했다고 대답했고, 23퍼센트 이상이 자기가 직접 경험했다고 대답했다.[19] 일부 그리스도인에게는 기적을 믿는 것이 겸손을 실천하는 방법의 하나다. 그들은 하나님만이 행하시거나 설명하실 수 있는 사건, 현상, 치유가 있다는 아이디어에 열려 있다.

하지만 대다수 과학자는 기적을 믿지 않는다. 실제로 일반 과학자들의 36퍼센트만이 과학자들이 그들의 이론과 설명에서 기적을 고려하는 것에 대해 개방적이어야 한다는 데 어느 정도 동의한다.[20] 이런 믿음은 연구 대학교에서 일하는 과학자들 사이에서는 훨씬 덜 흔하다. 우리가 살펴본 것처럼, 절반이 넘는 과학자가 과학에 대해 겸손한 접근법을 취하지만—그들은 과학이 언젠가 모든 것에 대해 자연적인 설명을 제공할 수 있으리라고 믿지 않는다—과학자들 절대 다수는 또한 우리가 아직 자연적인 원인을 통해 설명하거나 이해

---

18 Elaine Howard Ecklund and Christopher P. Scheitle, *Religion vs. Science: What Religious People Really Think* (New York: Oxford University Press, 2017), 25.

19 Ecklund and Scheitle, *Religion vs. Science*, 27.

20 이 수치는 내가 수행한 종교인들의 과학 이해(Religious Understandings of Science) 연구, 2014-16에서 나왔다.

할 수 없는 것에 대해 기적을 고려하거나 그것을 기적으로 인정하기를 꺼린다. 나와 대화한 어느 복음주의 그리스도인 과학자는 숨을 깊게 들이쉬고 이렇게 말했다. "나는 과학자로서 '우리가 과거에는 설명할 수 없었던 것들을 오늘날에는 설명할 수 있게 된 것들이 있다'고 생각합니다. 오늘날 우리는 '이제 우리는 북극광이 대기 중에…직접적으로 나타난 하나님의 손이 아니라는 것을 알게 되었다.…그것들은 이…경도와 위도 등에서 햇빛이 대기를 통해 반사된 것이다'라고 말합니다."[21] 이처럼 복음주의 과학자들조차 기적의 존재를 잘 인정하지 않는다.

동시에, 몇몇 연구에 따르면 일부 그리스도인 과학자는 기적의 가능성을 고려한다. 사실 평범한 복음주의 그리스도인 과학자 중 55퍼센트는 그들의 이론과 설명에서 기적을 고려하는 데 열려 있어야 한다는 데 어느 정도 동의한다.[22] 어느 그리스도인 의사는 "나는 우리가 전혀 예상하지 못했던 일이 항상 일어난다고 생각합니다"라고 말했다. 그는 "그것은 질병의 자연적인 경로 또는 당신이 예측할 수 있었던 과정에 어긋납니다.…그 결과는 99퍼센트가 우리가 예측한 대로 일어나는데, 우리가 예측하지 못한 일이 일어납니다. 그래서 그것은 도전적입니다. 병이 다른 조직으로 전이되어 살 수 있으리라고 생각되지 않았던 환자에게 우리가 효과를 확신할 수 없는 실험적

---

21 RC_06, 면역 및 류머티즘 부교수, 남성, 복음주의 그리스도인, 2018년 3월 8일 인터뷰.
22 이 수치는 내가 수행한 종교인들의 과학 이해(Religious Understandings of Science) 연구에서 나왔다.

인 요법을 적용했는데 그 환자가 치유됩니다. 그것은 기적입니다!"라고 말했다.[23]

내가 인터뷰한 어느 물리학 교수는 다음과 같이 말했다. "나는 아주 작은 기적을 포함해서 크고 작은 기적이 일어나지만, 기적들은 하나님이 우리에게 무언가를 전달하시는 방법으로서 또는 하나님이 이 세상에서 일하시는 방법으로서 일어난다고 믿습니다." 하지만 그녀는 또한 이런 기적은 드물다고 믿는다. 그녀는 이렇게 말했다. "날마다 기적이 한 건씩 일어난다고 하더라도 창조세계의 자연적이고 일반적인 기능에 따라 일어나는 모든 일에 비하면 그것은 아주 작은 부분이 아니겠습니까?" 그녀는 "하나님이 우리의 우주를 풍부하고 질서정연하게 창조하셨다"라고 믿으며, 하나님이 자연법칙을 완전히 통제하시지만 대체로 "창조세계의 무결성(integrity)을 존중하시고" 이 세상이 자연법칙에 의해 예상되는 대로 기능하도록 허용하신다고 믿는다. 그녀는 과학이 설명할 수 없는 기적처럼 보이는 일들이 일어나면 그것들을 하나님의 직접적인 행동으로 본다. 그녀는 이렇게 말했다. "그것은 단지 일종의 무작위 사건이 아니라 하나님이 '나는 우주가 법칙에 따라 기능하지 않게 할 수도 있다'는 것을 보여주시는 것입니다. 하지만 그것은 중요한 의미가 있는 사건들에서 일어납니다."[24] 나는 그리스도인 물리학자인 제임스가 한 말을 기억한다. "결국 과학자인 내 관점에서 볼 때 과학적으로 불가능하다는 점에서

---

23 RC_06, 면역 및 류머티즘, 부교수, 남성, 복음주의 그리스도인, 2018년 3월 8일 인터뷰.

24 RC_10, 물리학, 교수, 여성, 복음주의 그리스도인, 2018년 3월 29일 인터뷰.

예수 그리스도의 부활은 매우 이례적이며, 자기가 '하나님의 아들이고 우리의 죄를 위해 죽었고 우리가 부활에 대한 소망을 가지도록 부활했다'는 예수의 주장을 뒷받침한다는 것을 내가 이해할 수 있게 해주기 때문에 내게 과학이 필요합니다."[25]

겸손을 공유하기

겸손은 과학자들과 그리스도인들이 상대방의 믿음을 존중하고 마음을 열어 서로에게서 뭔가 새로운 내용을 배우도록 도움으로써 그들 사이의 건설적인 대화를 증진하는 데 도움을 줄 수 있다. 내가 인터뷰한 어느 그리스도인 생물학자는 이전에 지니고 있던 믿음에 도전할지도 모르는 다른 관점을 좀 더 기꺼이 고려할 용의가 있다면 과학과 종교 사이의 관계가 개선되리라고 생각한다고 말했다. "나는 교회에서 너무 불안해한다고 생각합니다.…솔직히 말해서 (껄껄 웃으며) 너무 확신이 없다 보니 어떤 것에 대해 다르게 생각하는 진정한 그리스도인을 포함하여 무엇이든 교회를 불안정하게 만드는 것은 사람들에게 매우 위험한 대상이 됩니다. 그것은 매우 감정적입니다."[26] 한 그리스도인 면역학 교수는 자신의 겸손한 접근법 덕분에 자기가 과학과 종교 사이의 관계에 대해 건설적인 논의를 할 수 있었다고 설

25   RC_05, 플라스마 물리학, 연구 교수, 남성, 복음주의자, 2018년 3월 7일 인터뷰.
26   RC_03, 생물학, 부교수, 남성, 복음주의 언약교회, 2018년 2월 19일 인터뷰.

명했다. "우리는 매우 다양한 사람들을 만나는데, 그들은 자신이 현재 있는 곳이 편안하다고 느끼며, 그것에 관한 대화로 인해 위협을 당하거나 도전을 받지 않습니다." 그는 계속해서 이렇게 말했다. "하지만 그들은 '내가 믿는 내용들이 있습니다. 나는 변화에 마음이 열릴 용의가 있습니다. 나는 대화할 용의가 있습니다. 나는 당신의 의견을 들을 마음이 있습니다. 나는 당신에게 내 의견을 말하고 싶습니다. 나도 당신에게 도전하고 싶습니다. 나는 당신이 내게 도전하기를 원합니다'라고 말하는 것 같습니다. 그래서 나는 무신론자나 불가지론자들과 그런 대화를 했습니다. 그리고 그들은 실제로 매우 만족했습니다."[27]

우리 그리스도인들이—과학적 지식의 한계와 다른 방식의 앎에 대한 존중에 관해—과학자들에게서 겸손을 바란다면, 우리는 신앙의 핵심적인 미덕인 겸손의 본을 보이는 것부터 시작해야 한다. 우리 역시 다른 믿음을 존중하고, 우리의 결론 중 일부가 틀릴 수도 있음을 받아들이며, 우리 모두 불완전하게 알고 있음을 인정하고, 과학이 우리의 신앙을 훼손하지 않으면서 우리의 신앙과 세계에 대한 이해에 도움이 되는 많은 요소를 제공할 수 있다는 점을 받아들여야 한다. 우리는 겸손한 접근법을 취함으로써 과학과 신앙 사이에 다리를 놓기 시작할 수 있다.

---

27   RC_06, 면역 및 류머티즘학, 부교수, 남성, 복음주의 그리스도인, 2018년 3월 8일 인터뷰.

1. 당신은 교회, 직장, 다른 사람들과의 관계에서 어떻게 겸손을 포용하는가?

2. 당신의 삶에서 자신이 겸손하게 행동했던 때를 생각해 보라. 이것이 당신의 관점을 어떻게 바꿨는가?

3. 신봉하는 종교가 없는 과학자가 당신의 교회에 온다고 상상해 보라. 당신은 당신이 그들의 생각을 존중한다는 것을 그들에게 어떻게 보여주겠는가? 당신은 그들에게 무슨 질문을 하겠는가?

7장

창의성

나는 근본주의적이라고 여겨질 수 있는 교회에서 자랐지만, 그리스 도인 여성으로서 내 정체성 형성에 여러 면으로 영향을 준 분은 나의 주된 양육자였던 내 할머니였다. 그분은 드러나지 않은 페미니스트였다. 내 할머니는 내게서 내가 속한 신앙 공동체가 여성의 적절한 역할이라고 보았던 것(현모양처가 되는 것)을 벗겨내기 위해 상당한 노력을 기울였다. 한번은 우리 교회 목사가 설교 중에 다음과 같이 말했다. "이 정장이 보이나요? 오늘 저는 이 옷에 대해 많이 칭찬받았습니다. 제 아내가 이것을 만들어 주었습니다." 할머니는 미간을 찌푸렸다. 할머니는 집에 돌아와 주위를 서성거리면서 나더러 앞으로 가급적 교육을 많이 받고 어떤 남자를 위해서도 바느질하지 말라고 큰 소리로 말했다. 할머니는 교육이 나를 남편에 대한 의존이나 오로지 엄마가 되는 것에 토대를 둔 정체성으로부터 보호해 주리라고 믿었다. 할머니는 또한 교육이 내가 자유롭게 내 창의성을 개발할 수 있게 해주리라고 믿었다.

　내가 인터뷰한 많은 그리스도인 과학자는 과학 자체가 하나님의 창의성에 대한 증거라고 말한다. 한 물리학자는 "나는 창조세계에…장엄한 것만 존재하지 않고 놀랍고 기쁨을 주는 것들도 많다는 점에서 하나님이 유머 감각의 소유자시라는 생각이 듭니다. 그래서 나는 양자 역학이 여러 분야에서 다양한 방식으로 언급되는 것을 보면서 그 점을 많이 느낍니다"라고 말했다.[1] 그리고 인간은 바로 그 창의성을 갖고 있는 것처럼 보인다. 심리학자 스캇 배리 카우프만(Scott Barry Kaufman)은 「사이언티픽 아메리칸」(Scientific American)에 기고한 글에서 "창의성만큼 인간의 경험을 심오하고 편만하게 형성하는 것은 거의 없다. 창의성은 예술, 과학, 비즈니스, 기술 등 인간의 모든 활동에서 진보를 견인한다"라고 말한다.[2] 심지어 창의성은 인간이 하나님의 형상으로 만들어졌음을 보여주는 핵심적인 요소라고 말하는 사람도 있다. 도로시 세이어스(Dorothy Sayers)에 따르면 어떤 사람을 볼 때 우리는 "뭔가 신적인 것을 보지만, [그 사람이] 하나님의 '형상'을 따라 만들어졌다고 이야기하는 내용을 찾아보려고 하면 우리는 오직 '하나님이 창조하셨다'라는 단언만 발견한다. 하나님과 인간의 공통점은 분명히 사물들을 만들려는 욕구와 능력이다."[3] 생화학

1　　RC_10, 물리학, 교수, 여성, 복음주의자, 2018년 3월 29일 인터뷰.

2　　Scott Barry Kaufman, "The Philosophy of Creativity," *Scientific American, Beautiful Minds* (blog), May 12, 2014, https://blogs.scientificamerican.com/beautiful-minds/the-philosophy-of-creativity/?redirect=1.

3　　Dorothy Sayers, *The Mind of the Maker* (New York: HarperSanFrancisco, 1941), 17.

자이자 성공회 신부인 로버트 길버트(Robert Gilbert)는 과학과 놀이에 관해 다음과 같이 말한다. "과학자들의 장난기는 [우리] 인간이 실상을 현실적이고 효과적으로 이해하도록 도와주는 매우 좋은 요소다. 결국, 놀이의 일차적이고 가장 중요한 특징은 그것이 자유롭다는 것, 즉 자유롭게 운영된다는 것이다."[4]

내 할머니는 내가 바느질하면서 살지나 않을까 걱정하셨지만, 나는 바느질을 배우지 않았다. 나는 바느질 수업을 들으려고 한 적이 있지만 곧바로 내 창의성을 이런 식으로 표현해서는 안 된다고 생각했다. 바느질은 내게 놀이처럼 느껴지지 않았다. 하지만 나는 박사 학위를 포함해서 세 개의 학위와 의미 있는 직업을 갖고 있다. 나는 창의적으로 살고, 무언가를 만들 수 있는 특권을 누렸다. 과학 분야에서의 나의 일ㅡ연구, 가르치기, 저술, 멘토링ㅡ은 내게 내가 어렸을 적에는 상상할 수 없었던 방식으로 다른 사람들을 돕는 창의적 자유를 허락했다. 그리고 때때로 그것은 내게 창의적인 놀이처럼 느껴지기도 한다.

하지만 학위들을 받고 전문 분야에서 일을 시작한 후에도 나는 여전히 엄마가 되기를 간절히 원했다. 기독교 공동체에서 인간의 생명은 특별하고 신성한 것으로 여겨지며, 아이들은 그 특별함의 증거로 여겨진다. 자녀를 낳고 가족과 가정을 이루는 것은 훌륭한 그리스도인, 특히 훌륭한 그리스도인 **여성**이 되는 필수적인 요소라고 공공

---

4   Robert Gilbert, *Science and the Truthfulness of Beauty: How the Personal Perspective Discovers Creation* (Abingdon, UK: Routledge, 2018), 64.

연하게 언급되거나 상징적으로 그런 위치로 높여진다. 그리스도인들은 태초에 하나님이 인간을 창조하셨고, 인간에게 창조자가 되고 "생육하고 번성할" 수 있는 능력을 주셨다고 믿는다(창 1:28). 많은 교회에서 엄마가 되고 자녀를 기르는 일이 다른 모든 창조 활동이나 창의성보다 높게 평가된다.

불임 전문가들은 어떤 여성의 모친의 자녀 수가 그 여성의 임신 능력을 예측하는 요인 중 하나라고 말하는데, 내 어머니는 자녀를 여덟 명 두었기 때문에 나는 임신하는 것이 문제가 되지 않으리라고 확신했다. 나는 내가 아이를 원한다면 임신할 수 있으리라고 생각했다. 내가 아는 한 아기들은 저절로 생겼다. 나는 나도 쉽게 임신할 줄 알았는데 그렇게 되지 않았다. 나는 15년 넘게 임신을 시도하고 한 번의 심각한 유산을 경험한 후 마침내 예쁜 외동딸을 낳았다.

교회가 자녀, 가정, 엄마 됨에 초점을 맞추는 것에 비춰볼 때 자녀가 없거나 핵가족에 속해 있지 않거나 자녀와 함께 종일 집에 있지 않는 그리스도인들은 자신이 교회에서 창조적 역할을 온전히 이행하지 못하는 것으로 평가받는다고 생각할 수 있다. 앞서 언급되었던 과학자 중 한 명인 제이미는 이렇게 말했다. "나는 과학자이지만 교회에서 나의 주된 정체성은 엄마로서의 정체성입니다. 나는 교회에 출석합니다. 나는 교회에 내 딸을 데리고 갑니다. 내 딸은 아주 착합니다. 그 애는 교회에서 매우 얌전합니다. 그래서 나는 우리가 교회에 출석하는 여성의 사회적으로 적절한 요소에 관한 모든 항목을 갖춘 것처럼 느껴집니다. 그리고 교회에서 나의 가장 중요한 정체성은 바로 **그것**이지 내 과학 연구가 아닙니다."[5]

많은 교회에서 아이를 낳고 가정을 이루는 것이 "규범"으로 여겨진다. 그러나 아이를 낳는 것이 자신의 그리스도인으로서 소명의 일부라고 생각하지 않는 사람들도 있다. 그들은 다른 창의적인 일에 부르심을 받았다고 느낀다. 나를 포함한 몇몇 사람의 경우에는 그들의 몸이 그들이 원하는 대로 기능하지 않는데, 이는 심지어 그들이 아이를 낳기를 간절히 원하지만 그들의 몸이 협조하지 않는다는 것을 의미한다.

나는 약 1년 전에 내가 매우 존경하는 목사와 나눈 대화를 기억한다. 우리가 하는 일과 가족에 관해 대화하다 내게 아이가 한 명 있다는 얘기가 나왔다. 그 목사는 다음과 같이 말했다. "당신은 당신이 하는 일에 전력투구했군요, 그렇죠? 많은 여성이 열심히 일을 하다가 중년이 가까워지면 아이들을 더 많이 낳았더라면 좋았으리라고 생각하거든요." 나는 그때 내가 왜 정직하게 말했는지 모르겠지만 "사실 나는 지난 15년 동안ㅡ결혼한 후 줄곧ㅡ임신하기 위해 노력했지만, 불임으로 인해 큰 고통을 겪었습니다"라고 대답했다. 그는 무안한 표정으로 미안하다고 대답했다. 그는 또한 30년의 목회 기간 중 불임에 관해 솔직하게 말하는 사람을 많이 보지 못했다고 말했다.

교회가 불임 및 불임과 고통을 좀 더 기꺼이 교인들과 허심탄회하게 논의함으로써 아이를 갖기 위해 애쓰는 이들에게 지지와 공감을 표하는 장소가 될 수 있다면 도움이 될 것이다. 불임 문제를 다루

---

5   RC_02, 진화생물학, 부교수, 여성, 그리스도인, 2018년 2월 14일 인터뷰.

고 있는 그리스도인들은 종종 자신의 어려움과 절망에 관해 동료 교인들과 이야기하거나 목회자에게 도움을 청하기를 두려워한다. 그들은 침묵하며 고통당한다. 그들은 자기만 불임의 고통을 경험하고 있다고 믿는다.

어느 그리스도인 부부는 그들의 신앙 공동체에서 불임과 싸우는 기분이 어떠했는지 설명했다. "우리는 곧 우리가 출석하는 교회에서 큰 구멍을 발견했습니다. 지지해 주는 소수의 그리스도인을 제외하고 사람들은 일반적으로 우리가 먼저 말을 꺼내지 않는 한 이 문제에 관해 이야기하지 않았습니다. 불임 환자를 어떻게 도와야 할지 생각해 본 젊은 그리스도인이 많지 않은 것 같았고, 자신의 불임 경험에 관해 말하는 좀 더 나이 든 그리스도인이 많지 않은 것 같았습니다. 그 결과 사람들은 우리에게 무슨 말을 해야 할지 몰랐습니다."[6]

자신과 자기 아내가 불임과 어떻게 싸웠는지를 시간 순서대로 기록한 그리스도인 작가 제프 카바노(Jeff Cavanaugh)는 "내 아내와 나는 사람들이 항상 아이를 낳는 것으로 보이는 젊은 가족으로 가득한 교회에 다닌다. 그런 교회[환경]는 불임 부부들에게 그들의 불임을 규칙적이고 고통스럽게 상기시킬 뿐만 아니라, 자기들이 고립되고 외로우며 인생의 단계에서 자기 나이 또래에 있는 다른 모든 사람과 보조를 맞추지 못한다고 느끼게 할 수도 있다"라고 말했다.[7]

---

6 Michael Taylor, "Glorifying God with Infertility," GoThereFor.com, April 13, 2017, http://gotherefor.com/offer.php?intid=29614&changestore=true.

7 Jeff Cavanaugh, "How the Church Makes the Trial of Infertility Better (or Worse)," The Gospel Coalition, December 25, 2013, https://www.thegospelcoalition.org/

성경과 교회의 가르침은 다양한 방식으로 자녀들이 주님에게서 온 복이라고 말한다. 예를 들어 구약성경의 시편 저자는 다음과 같이 말한다.

> 보라, 자식들은 여호와의 기업이요
> 　태의 열매는 그의 상급이로다.
> ．．．．．．．．．．．．．．．．．．．．．．．
> 이것이 그의 화살통에 가득한 자는
> 　복되도다(시 127:3-5).

내 첫 번째 성경책의 표지에는 작은 아이들에게 둘러싸여 있는 예수가 묘사되어 있었다. 나는 우리 교회에 다니는 한 여성이 열 번째 아이를 잉태했을 때 "하나님이 내게 또 다른 아이를 임신하는 복을 주셨다는 것을 믿을 수 없습니다!"라고 외쳤던 것을 기억한다. 나는 교인들로부터 "하나님이 당신에게 자녀의 복을 주시기를 기도하고 있습니다"라는 말을 여러 번 들었다. 출산은 우리가 진정으로 "창조"할 수 있는 주된 또는 유일한 방법으로서 복으로 여겨지기 때문에 생물학적 자녀를 낳지 않거나 낳을 수 없는 사람들은 평가 절하되고, 소외되고, 외로움을 느낄 수 있다. 필립 휠러(Phillip Wheeler) 목사는 성경에는 "[인류에게] 주어진 명령의 일부로서 '**생육하고 번성하여** 땅에 충만하라'는 기대, 심지어 명령이 있다. 결혼을 통한 연합에서 자

---

article/how-the-church-makes-the-trial-of-infertility-better-or-worse.

녀를 얻게 될 것이라는 기대가 있다"라고 설명한다.[8]

휠러는 또한 성경에 등장하는 불임 이야기들이 아이를 낳지 못하는 그리스도인 부부들을 어떻게 낙담시킬 수 있는지에 관해 다음과 같이 언급한다. "성경은 임신하지 못하고 아이 없는 고통을 겪은 여성들에 관한 이야기들로 가득 차 있다. 사라나 리브가 또는 라이벌의 조롱으로 극심한 스트레스를 받은 라헬을 보라. 삼손의 어머니나 한나 또는 엘리자베스를 보라. 각각의 경우 그들은 결국 임신해서 아기를 낳을 수 있었다. 하나님께는 불가능한 일이 없기 때문이다."[9] 그리스도인들은 불임에 관한 내러티브를 재구성하려고 노력해야 한다. 그 내러티브는 결국 하나님이 생물학적 자녀를 주시는 희망의 이야기에 한정되지 말고, 희망의 이야기와 고통의 이야기를 모두 포함해야 한다. 어떤 신자가 바라던 삶과는 전혀 다른 삶에서 지니는 의문, 의심, 걱정, 심지어 불만도 종종 하나님께 영광을 돌릴 수 있다.

그리스도인 의사이자 생명 윤리학자인 메간 베스트(Megan Best)는 복음연합(Gospel Coalition)에 기고한 글에서 다음과 같이 말한다. "성경에서 출산은 순종하는 사람들에 대한 복으로 묘사되고 불임은 하나님에게서 나온 저주로 묘사된다. 그러므로 몇몇 부부에게는 세상의 모든 질병, 고통, 문제들이 인류의 타락에서 비롯되었지만, 불임 같은 문제가 반드시 우리의 개인적인 죄와 일대일로 대응하는 것

---

8   Philip Wheeler, "A Silent Grief: Pastoral Reflections on Infertility," Mattiasmedia. com, September 27, 2000, http://matthiasmedia.com/briefing/2000/09/a-silent-grief-pastoral-reflections-on-infertility.

9   Wheeler, "Silent Grief."

은 아니라는 확신이 필요할 수도 있다."¹⁰

자녀를 입양하기 전에 8년 동안 불임으로 어려움을 겪은 엘리자베스 헤이건(Elizabeth Hagan) 목사는 교회가 불임 문제로 고민하는 사람들에게 어떻게 좀 더 공감을 보여줄 수 있는지에 대해 「타임」(Time)에 기고한 글에서 다음과 같이 말했다. "나는 종종 내가 목사가 아니었어도 이 어려운 때에 교회에 나왔을지 생각해 보았다. 많은 경우 내 답은 '아니오'였다." 그녀는 기독교 지도자들이 종종 불임으로 힘들어하는 사람들에게 위로나 격려의 말을 하지 않으며, 부부들은 교회에서 자기들이 불임과 씨름하고 있다고 말하는 것이 안전하다고 느끼지 않는다고 말했다. 그녀에 따르면 "매년 12월에 동정녀 잉태에 초점을 맞추는 것"이 문제의 일부다. "교회는 멋진 기적 이야기를 빨아 먹는다. 내가 기적적으로 아기가 태어나는 것이 불가능하다고 말하려는 것은 아니다.…하지만 모든 부부에게 기적이 일어나지는 않는다. 교회는 극소수의 기적에 초점을 맞추는 대신 회복력에 관한 이야기들을 강조할 필요가 있다. 예를 들어 체외수정 시도가 실패한 후에도 여전히 아침에 일어나는 여성 같은 사례 말이다." 헤이건은 "요점은 교회가 불임이 영적인 상태가 아니라 의학적 상태임을 배우는 것이 현명하리라는 것이다"라고 말한다.¹¹

---

10   Megan Best, "Your Options in Infertility," The Gospel Coalition, March 19, 2014, https://www.thegospelcoalition.org/article/your-options-in-infertility.

11   Elizabeth Hagan, "5 Ways the Church Could Show More Compassion for Those Struggling with Infertility," Time, May 22, 2017, http://time.com/4786683/church-views-infertility.

출산, 신앙, 과학

오늘날 불임과 싸우는 그리스도인 중 점점 더 많은 사람이 임신하기 위한 도움을 받기 위해 (그들의 신앙과 더불어 또는 신앙의 한 부분으로서) 과학으로 눈을 돌리고 있다. 그런 기술의 존재는 불임의 고통을 완화해주기 위한 과학자들의 창의적 연구의 결과물이다. 체외수정은 불임 치료에 사용되는 가장 흔하고 효과적인 보조생식기술이다. 체외수정 때 여성의 몸에서 난자들을 채취해서 정자와 결합하여 배아(난자와 정자가 결합한 직후의 초기 형태)들을 만든 후 배아들을 다시 그 여성의 몸에 이식한다. 보조생식기술은 때때로 기증자의 난자나 정자를 사용하거나 이전에 냉동된 배아를 사용하기도 한다. 이 기술에는 전통적 대리모(surrogate) 또는 자궁 대리모(gestational carrier)가 관여할 수도 있다. 전통적 대리모는 자신의 난자를 제공하는 반면 자궁 대리모는 "여성 파트너의 난자와 남성 파트너의 정자를 통해 임신하게 된다."[12]

그러나 이런 기술들에 문제가 없는 것은 아니다. 보조생식기술은 일반적으로 보험이 적용되지 않으며, 매우 비쌀 수 있다. 예를 들어, 1회의 체외수정에 15,000달러 이상이 소요될 수 있는데, 이는 종종 부유한 사람들만 이 기술을 이용할 수 있음을 의미한다.[13] 나는 불

---

12   "Assisted Reproductive Technology," Medline Plus, May 14, 2018, https://medlineplus.gov/assistedreproductivetechnology.html.

13   Jennifer Gerson Uffalussy, "The Cost of IVF: 4 Things I Learned While Battling Infertility," Forbes, February 6, 2014, https://www.forbes.com/sites/

임 치료 비용으로 수천 달러를 지불했다. 교회에서는 한 개인이 불임 치료 기술을 사용하고 있다는 사실조차 비밀로 유지해야 할 것 같다는 생각이 든다. 나는 직장에서는 내 불임과 치료에 관해 친한 친구들과 대화했지만, 교회에서는 이런 이야기를 전혀 하지 않았다. 불임 치료 기술은 모든 사람이 이용할 수 있는 것처럼 보이지도 않는다. (나는 불임클리닉에 다녔던 기간에 대기실에서 백인이 아닌 부부는 몇 쌍밖에 보지 못했는데, 내가 미국에서 인종적으로 및 민족적으로 가장 다양한 도시에 살고 있다는 것을 고려하면 이 점은 매우 놀라운 일이다).

하지만 이런 기술들은 점점 더 흔해지고 있다. 그리고 많은 사람이 이런 기술들을 하나님이 주신 인간의 창조 능력에 대한 표지라고 생각한다. 미국 보조생식기술 협회(US Society of Assisted Reproductive Technology)의 2017년 보고서에 따르면, 1987년에서 2015년 사이에 미국에서 태어난 100만 명 이상의 아기들이 체외수정이나 다른 보조생식기술을 사용하여 잉태되었다.[14] 교회 지도자들이나 신도들이 알든 모르든 간에 대다수 교회에서 체외수정 같은 보조생식기술의 도움을 받아 태어난 아이들이 뛰어다니고 있을 것이다.

생명의 시작을 만들어내는 것처럼 보이는 신기술 창조에 관해 일부 그리스도인은 그런 기술들이 무분별하거나 속박을 받지 않는

---

learnvest/2014/02/06/the-cost-of-ivf-4-things-i-learned-while-battling-infertility/#21770c0924dd.

14 "IVF by the Numbers," Penn Medicine, Fertility Blog, March 14, 2018, https://www.pennmedicine.org/updates/blogs/fertility-blog/2018/march/ivf-by-the-numbers.

창조성을 의미하지 않는지 도덕적 우려를 제기한다. 내 연구에 따르면 그리스도인들은 보조생식기술에 대해 복잡한 감정을 지니는 경향이 있다. 한편으로 그들은 이런 기술이 줄 수 있는 유익이 있다고 본다. 이런 기술들에는 불임과 싸우는 부부들을 도와줌으로써 고통을 완화할 수 있는 잠재력이 있다. 이런 기술들은 또한 세상과 교회에 아이들이 태어나도록 도울 수 있다. 다른 한편으로 그리스도인들은 이런 기술들이 과학자들이 "하나님의 역할을 하고" 하나님의 뜻에 간섭할 수 있게 해준다고 우려한다. 일부 그리스도인은 내가 교회들에서 몇몇 사람에게 들었던 말처럼 자녀는 하나님이 주시는 복으로서 "시험관에서 오는 것이 아니라, 하나님으로부터" 직접 그리고 자연적인 방법으로 와야 한다고 믿는다. 그리고 체외수정 과정은 일반적으로 사용될 수 있는 수보다 많은 배아를 만든다. 일부는 냉동 보관되고 일부는 다른 부부들에게 기증되지만, 일부 배아들은 연구 혹은 체외수정 과정의 다른 부분에서 파괴되는데, 다수의 소수파 그리스도인은 이것을 인간의 생명을 파괴하는 것으로 본다. 아리아나 차은정 기자는 최초의 체외수정 아기 탄생 40주년을 기념하는 「워싱턴 포스트」(*Washington Post*) 기사에서 "그 절차가 세계의 신학자들에게 심오한 질문들을 확대했다"고 말했다. 그녀는 계속해서 다음과 같은 질문들을 제기했다. "생명은 언제 시작되는가? 생명이 수정되는 시점에 시작된다면 수정란을 파괴하는 것은 죄인가? 부모를 정의하는 요소는 무엇인가? 난자를 제공하는 여성이 엄마인가 아니면 아기를 낳는 여성이 엄마인가? 결혼을 정의하는 요소는 무엇인가? 어떤 남성의 정자가 그의 아내가 아닌 여성의 난자를 수정시킨다면, 그것은 간음에 해당하는가?"[15]

불임 치료 기술과 관련된 이런 질문들 및 다른 질문들에 직면할 때 그리스도인들은 종종 서로 경쟁하는 신학적 이상들 가운데서 하나를 결정해야 한다. 복음주의 그리스도인들에게는 성경과 기독교 교리 등 신앙의 권위의 원천이 이런 기술들이 지닌 잠재적 유익과 배아 보호의 중요성 및 생명의 신성함을 어떻게 비교할지를 결정하기 위한 핵심적인 준거라고 할 수 있다. 내가 수행한 전국적인 조사에서 나는 복음주의 그리스도인들이 다른 주요 신앙 전통에 속한 구성원들보다 체외수정에 대한 도덕적 우려를 더 많이 표현할 가능성이 있음을 발견했다. 조사 대상 복음주의자들 중 18퍼센트가 체외수정이 "도덕적으로 문제가 있다"고 응답한 반면 전체 미국인의 13퍼센트, 가톨릭교도의 15퍼센트, 전체 개신교 신자들의 11퍼센트가 그렇게 응답했다.[16]

체외수정이 도덕적으로 문제가 있다고 생각하는 그리스도인들과 체외수정에 관해 대화할 때, 종종 인간이 "하나님 역할"을 하거나 하나님의 창조적 역할을 빼앗는 것에 대한 우려가 표명되었다. 일부 그리스도인은 아이를 잉태하는 과정에서 생기는 "비자연적인" 개입은 인간이 스스로 창조 과정에 관여할 수 있게 해주기 때문에 하나

---

15 Ariana Eunjung Cha, "How Religion Is Coming to Terms with Modern Fertility Methods," Washington Post, April 27, 2018, https://www.washingtonpost.com/graphics/2018/national/how-religion-is-coming-to-terms-with-modern-fertility-methods/?utm_term=.19f2a08c8634.

16 Elaine Howard Ecklund and Christopher P. Scheitle, *Religion vs. Science: What Religious People Really Think* (New York: Oxford University Press, 2017), 128.

님의 역할을 줄인다고 믿는다. 그들은 보조생식기술이 "의도된" 것을 방해한다고 본다. 한 복음주의 여성은 다음과 같이 말했다. "그것은 옳은 일이 아닙니다. [체외수정을 이용하는 사람들은] 매우 위험해질 수 있는 곳―**위험하다**는 말이 옳지 않을 수도 있습니다―을 걸고 있는데 그것은 재앙이 될 수 있습니다.…나는 아이를 가질 수 없는 사람들이 자기들이 아이를 가질 수 없다는 사실을 해결할 필요가 있다고 생각합니다. 그들은 입양할 수 있는 아이들을 찾을 필요가 있습니다. 아니면 그들은 살면서 만나는 아이들을 사랑할 수도 있습니다. 어쩌면 그것이 그들이 하도록 의도된 일인지도 모릅니다."[17] 이 여성은 불임을 적어도 일시적으로는 불변하는, 하나님에게서 온 부담으로 보며, 인간이 그 상황을 바꾸려고 하지 말고 불임으로 고통받는 사람들이 이 세상에 이미 존재하는, 사랑을 필요로 하는 아이들을 사랑하는 계기로 삼아야 한다고 생각한다.

어느 그리스도인 부부는 자기들이 체외수정 시술 중이라는 것을 알게 된 한 친구가 그들에게 "나는 너희 부부가 체외수정 대신 입양해야 한다고 생각해. 그것이 훨씬 더 윤리적이야"라고 말했던 것을 회상했다. 그 친구는 결국 사과했지만, 그가 보인 최초의 반응은 교회에 만연한 입장을 반영한다. 체외수정을 지지하거나 체외수정 시술 중인 그리스도인들은 흔히 동료 그리스도인들과 신자들로부터 반발을 경험한다. 내가 참석한 어떤 교회의 예배에서 우리는 불임 기

17　RUS_Low/Mid-Low SES Evangelical Church Houston Int10, November 13, 2013 인터뷰.

술에 대한 보기 드문 대화를 했다. 어떤 여성은 눈물을 글썽이며 손을 들고 자기가 체외수정 기술을 통해 아이를 낳았다고 말할 수 있는 자유를 처음 느꼈다고 말했다. 그녀는 불임으로 어려움을 겪고 있는 많은 사람이 이 문제에 관해 대화할 수 있는 사람을 발견하도록 자기의 경험을 신도들과 공유하기를 원했다."[18]

　　그러나 나는 많은 복음주의 그리스도인이 체외수정에 도덕적으로 반대하지 않는다는 것도 발견했다. 내가 조사한 복음주의 그리스도인 가운데 42퍼센트는 체외수정이 항상 또는 대다수의 경우 도덕적으로 받아들일 수 있다고 말하며 또 다른 32퍼센트는 그것이 도덕적인 문제가 아니라고 말한다.[19] 그들 중 많은 사람이 하나님이 인간에게 의학 기술을 만들어내고 발전시킬 능력을 주신다고 믿는다. 그리고 그들은 하나님이 적극적으로 인간이 그러한 기술을 발견하고 사용하도록 허락하시기 때문에 이런 기술들이 하나님의 역할을 대신한다고 보지 않는다. 대신 어떤 면에서 하나님은 이런 기술들을 통해서 및 그 기술들을 만들어낸 인간들과 그것들을 사용하는 인간들에게 자신이 주시는 창조 능력을 통해서 일하고 계신다. 다른 말로 표현하자면 이런 그리스도인들은 체외수정 같은 기술은 하나님이 인간이 하나님과 협력할 수 있게 해주는, 하나님이 주신 도구라고 본다. 나는 이 도덕적 틀을 "공동창조자 개념"(co-creator schema)이라고 부른다(이 개념에서 인간은 하나님이 주신 선물을 통해 창조자의 역할을 공유

18　Taylor, "Glorifying God with Infertility."
19　이 수치는 종교인들의 과학 이해(Religious Understandings of Science) 연구에서 나왔다.

한다).

그리스도인들은 자신이 체외수정 기술을 지지하는 많은 이유를 제시한다. 내가 휴스턴에 있는 어떤 교회에서 인터뷰한 여성은 다음과 같이 설명했다. "나는 체외수정이 어떤 식으로든 하나님이 난자와 정자를 창조하셨다는 사실과 충돌한다고 믿지 않습니다.…하나님이 사람들을 더 똑똑하게 만들어서 그들이 정자와 난자를 채취하여 얼려서 사용할 수 있게 하셨을 뿐입니다. 나는 그것에 대해 전혀 문제를 느끼지 않습니다!"[20] 또 다른 복음주의 그리스도인은 체외수정이 하나님과 인간이 협력하는 것의 일부일 수도 있다고 말했다. 그에게 있어 체외수정은 "하나님이 사람들을 돕기 위해 과학을 통해 계시하신 것들 중 하나"이므로, 과학자들과 하나님이 협력하는 것으로 보인다.[21] 내가 인터뷰한 어떤 그리스도인 생물학자는 자기 교회에 출석하는 한 부부가 체외수정을 어떻게 사용할지에 대해 그리스도인으로서 그들의 원칙을 어떻게 적용했는지를 이야기했다.

내가 아는 한 부부는…아직 널리 시행되고 있는 소위 과배란이 표준적인 관행임을 알고 있었습니다. 과배란 관행에서는 여성에게서 만들어진 난모세포[난자]를 많이 채취한 후 [불임 전문의가] 그것들을 모두 수정시키지만 수정된 배아들을 모두 이식하지는 않으며 나머지는 냉동됩니다. 그 부부는 그 배아들이 여러 해 동안 액체 질소에 담겨 냉

20   RUS_Mid-High/High SES Evangelical Church Houston Int15, October 2, 2013 인터뷰.
21   RUS_Low SES Evangelical Church Houston Int9, October 1, 2013 인터뷰.

동고에 보관된다는 사실에 마음이 편하지 않았습니다. 그래서 그들은 난모세포들이 모두 성공적으로 발달한다면 그 세포들을 모두 이식할 수 있는 불임 클리닉에 가기를 원했습니다. 이것이 누군가의 신앙이 중요하다는 것을 보여주는 구체적인 방식입니다. 나는 그 부부가 아주 영민하다고 말하고 싶습니다. 내 말은 그들이 많은 것을 생각했다는 뜻입니다.[22]

미래의 인간

보조생식기술과 마찬가지로, 과학자들이 DNA를 삽입, 삭제 또는 수정함으로써 수정란의 유전자 구성을 바꿀 수 있게 해주는 유전자 편집 기술도 몇몇 그리스도인을 난처하게 만든다. 이는 그들이 하나님의 창조 능력과 인간 생명의 신성함에 관한 윤리적 문제와 감정을 느끼기 때문이다. 퓨 리서치 센터(Pew Research Center)의 2016년 조사에 따르면, "매우 종교적인 미국인들은 덜 종교적인 사람들보다 자신의 가정에서 유전자 편집 기술을 사용하고 싶지 않다고 말할 가능성이 훨씬 크다."[23] 퓨에 따르면, 많은 그리스도인이 아기들의 질병 위험

---

22 RC_09, 생물학, 교수, 남성, 기독교 개혁교회, 2018년 3월 22일 인터뷰.

23 Cary Funk, Brian Kennedy, and Elizabeth Podrebarac Sciupac, "U.S. Public Wary of Biomedical Technologies to 'Enhance' Human Abilities," Pew Research Center, July 26, 2016, November 2, 2016 업데이트, http://www.pewinternet.org/2016/07/26/u-s-public-wary-of-biomedical-technologies-to-enhance-human-abilities, 7쪽 "2. U.S. public opinion on the future use of gene editing"을 보라.

을 줄이기 위해 유전자 편집을 사용하는 것이 도덕적으로 용납될 수 없다고 느꼈다. 그들은 그것이 "하나님의 계획"을 바꾸거나 "자연에 반할" 것이라고 우려했다.[24] 전체 개신교 신자 중 54퍼센트는 아기들의 심각한 질병 위험을 줄일 수 있는 유전자 편집을 자연에 개입하는 것으로 보는 반면, 비종교인 사람 중 그렇게 보는 비율은 31퍼센트에 불과했다. (그렇게 생각하는 비율이 백인 복음주의 개신교 신자들 사이에서는 61퍼센트인 반면, 백인 주류 개신교 신자들 사이에서는 42퍼센트, 흑인 개신교 신자들 사이에서는 50퍼센트였다.) 이 용도의 유전자 편집을 도덕적으로 받아들일 수 있다고 생각한 사람들은 이 기술이 다른 의학적 발전과 유사하다는 점을 언급했고, 이것이 지닌 잠재적인 긍정적 효과를 지적했다.[25]

내 연구에 따르면 대다수 복음주의 그리스도인은 질병에 초점을 맞춘 생식 유전 기술―주로 자궁 내 배아의 질병이나 건강 문제를 바로잡는 데 초점을 맞추는 유전자 편집과 유전자 검사 기술―의 사용을 지지한다. 복음주의 그리스도인 중 23퍼센트만 질병에 초점을 맞춘 생식 유전 기술이 도덕적으로 잘못이라고 본다. 이런 기술들

---

24 Funk, Kennedy, and Podrebarac Sciupac, "U.S. Public Wary," http://www.pewinternet.org/2016/07/26/u-s-public-wary-of-biomedical-technologies-to-enhance-human-abilities, 7쪽 "Uncertainty, Divisions over Moral Acceptability of Gene Editing"을 보라.

25 Funk, Kennedy, and Podrebarac Sciupac, "U.S. Public Wary," http://www.pewinternet.org/2016/07/26/u-s-public-wary-of-biomedical-technologies-to-enhance-human abilities, 8쪽의 표 "White Evangelicals Especially Likely to Say Gene Editing for Babies Crosses a Line; Most Atheists and Agnostics Say It Is Just Another Avenue to Betterment"를 보라.

이 옳지 않다고 느끼는 복음주의자들은 흔히 이런 기술을 사용하는 것이 인간을 창조 과정에 개입시키고, 인간 생명의 가치를 떨어뜨리고, 하나님의 계획에 간섭하거나, 창조주로서 하나님의 역할과 경쟁한다고 생각한다. 예를 들어, 의학계에서 일하는 어느 젊은 복음주의자 남성이 내게 이렇게 말했다. "나는 하나님이 모든 것을 통제하시고 모든 것을 돌보신다고 믿습니다. [만약] 이 아이가 병에 걸렸다면, 그것이 하나님께서 이 아이에게 원하시는 바입니다."²⁶ 미국에서는 자궁 내 발달상의 질병을 탐지하는 것이 출산 전 건강관리의 통상적인 부분이고, 의학 전문가들은 일반적으로 그러한 목적을 위한 유전자 검사를 필요로 하거나 사용하는 것도 아니지만, 많은 그리스도인이 질병에 초점을 맞춘 생식 유전 기술이 더 많은 낙태로 이어질 것을 우려한다. 그들은 아직 태어나지 않은 아기가 "치료될" 수 없다면 낙태될 것이라고 추론한다.

질병에 초점을 맞춘 유전 생식 기술을 지지하는 복음주의자들은 종종 앞서 언급된 "공동 창조자(co-creator) 개념"에 근거하여 그 기술을 지지한다. 그들은 하나님이 인간에게 의료 기술을 발견하도록 지식과 인도를 제공하시며, 따라서 하나님이 이런 기술들 및 그 기술들을 사용하는 인간들을 통해 일하고 계신다고 믿는다. 휴스턴 출신의 한 여성은 나와의 인터뷰에서 다음과 같이 말했다. "나는 그들[과학자들]이 아기가 아직 태 안에 있는 동안 질병을 발견하거나 병을 바로 잡을 수 있는 수술 방법을 알아내는 연구를 하고 있다고 생각합니

---

26   RUS_High SES Evangelical Church Chicago Int8, July 20, 2013 인터뷰.

다. 나는 그것이 매우 멋지다고 생각합니다!"[27] 어느 복음주의 교회의 청년 담당 사역자는 질병에 초점을 맞춘 유전 생식 기술에 대한 그의 견해를 바꾼 개인적인 경험에 관해 설명했다. 그는 자기 아기가 종종 출생 직후 사망하는 염색체 장애인 에드워드 증후군(Trisomy 18)에 걸려 있을 가능성이 있다는 것을 알게 되었다. 그의 아이가 결국 그 병에 걸리지는 않았지만, 그는 자기 아이의 질병을 예방할 수 있다면 그 유전 기술을 사용했을 것이고, 자신은 출생 전에 질병을 치료하기 위해 질병에 초점을 맞춘 유전 생식 기술 사용에 마음을 열게 되었다고 말했다. 그는 공동 창조자 신앙에 의존하여 "하나님이 내게 그것을 할 힘과 능력과 방법을 주신다면 나는 그것을 하겠습니다"라고 말했다.[28] 복음주의 그리스도인들이 이런 기술들을 어떻게 생각하는지에 대한 내 연구에서 발견된 가장 흥미로운 점 중 하나는 그들의 생각이 항상 고정적인 것은 아니며, 이런 기술을 도덕적으로 허용할지에 대한 그들의 태도는 개인의 경험을 통해 바뀔 수 있다는 것이다.

나는 그리스도인들이 개선 유전 생식 기술에 관해 어떻게 생각하는지도 조사했다. 이런 기술은 배아에서의 질병 탐지와 치료 목적이 아니라, 개선이라고 생각되는 목적을 위해 운동 기량이나 눈동자의 색상 같은 배아의 특정한 특징을 선택하거나 만드는 데 사용된

---

27   RUS_Low SES African American Evangelical Church Int18, August 10, 2011 인터뷰.
28   RUS_Mid-High/High SES Evangelical Church Houston Int15, December 10, 2011 인터뷰.

다.[29] 이런 기술 중 다수는 아직 가능하지 않지만, 대다수 그리스도인을 포함한 많은 사람이 개선 유전 생식 기술이 어디로 이어질지에 대해 우려한다. 내 동료들과 내가 복음주의자들과 대화했을 때 그들 대다수는 개선 유전 생식 기술에 관해 일반적인 미국인들의 견해와 유사한 견해를 표현했고, 이런 잠재적인 기술들에 대한 도덕적 우려를 나타냈다. 내가 수행한 어느 조사에서 복음주의 그리스도인의 80퍼센트가 자신은 개선 유전 생식 기술이 도덕적으로 잘못이라고 생각한다고 응답했다. 복음주의 그리스도인들은 종종 이런 기술들이 "하나님의 역할"을 하거나 하나님의 창조 능력을 빼앗는 결과에 도달하리라고 믿었다. 예를 들어 휴스턴에 있는 어느 복음주의 교회에 출석하는 남성은 이렇게 말했다. "나는 조금 전에 바벨탑과 하나님께 도달하고 하나님과 동등해질 수 있는 높은 탑을 세우려고 한 사람들을 언급했습니다.…그리고 나는 우리가 인간 유전학으로 하나님의 역할을 하기 시작할 때 우리 역시 똑같은 일을 하고 있다고 생각합니다. 우리는 자신을 하나님과 같은 위치에 두고 있습니다.…따라서 나는 그것이 죄악이라고 생각합니다."[30]

그러나 내가 복음주의자들에게 개선 유전 생식 기술에 관해 질문했을 때, 그들은 불편한 감정이나 반대의 이유를 분명하게 설명할

---

29 National Academies of Sciences, Engineering, and Medicine, *Human Genome Editing: Science, Ethics, and Governance* (Washington, DC: The National Academies Press, 2017).

30 RUS_Mid-High/High SES Evangelical Church Houston Int5, 2011년 7월 5일 인터뷰 인터뷰.

수 없었고, 그들의 감정을 설명할 수 있는 종교적 혹은 도덕적 틀도 제공할 수 없었다. 이런 감정들이 존재하기는 하지만, 그것들은 본능적인 반응이었다. 그들은 단순히 이 기술이 옳지 않다고 생각할 뿐 그렇게 생각하는 이유를 설명하지는 못했다.

때때로 우리는 우리의 기술들 및 새로 발견된 능력들과 씨름해야 한다. 우리는 신학적 이상과 경쟁하는 가치들 사이에서 어려운 선택을 해야 한다. 우리는 과학적 창의성의 한계가 어디인지, 어떤 기술을 사용해야 하는지, 우리가 그 기술들을 어떻게 선용할 수 있는지, 그 기술들이 어떻게 잘못될 수 있는지 생각해야 한다. 생식 기술을 넘어, 우리는 우리가 창조해내는 모든 것과 우리가 이 세상에 가져오는 모든 것에 대한 우리의 책임에 대해 생각해야 한다. 하나님이 우리에게 주신 창조 능력에 대한 책임을 행사하는 방법 중 하나는 그것들을 구속적인 치유를 위해 사용하는 것이다.

추가 토론

1. 경험을 나누는 것이 부담스럽지 않다면 당신이 불임과 싸운 경험이나 당신의 지인이 불임과 싸운 경험을 공유할 수 있는가?
2. 당신의 교회는 신자들이 출산과 관련된 문제에 관해 좀 더 편안하게 마음을 열 수 있도록 돕기 위해 무엇을 할 수 있는가?
3. 당신은 "공동 창조자 개념"에 대해 어떻게 생각하는가? 그것은 당신이 하나님의 창조주 역할을 이해하고 인간 생명의 특별함을 존중하는 다

양한 방법을 인식하는 데 도움이 되는가? 당신은 생식 기술이 자신의 신앙과 조화를 이룰 수 있는 다른 방법들이 있다고 생각하는가?

4. 당신의 교회는 어떻게 교인들의 창의력을 더 잘 키울 수 있는가?

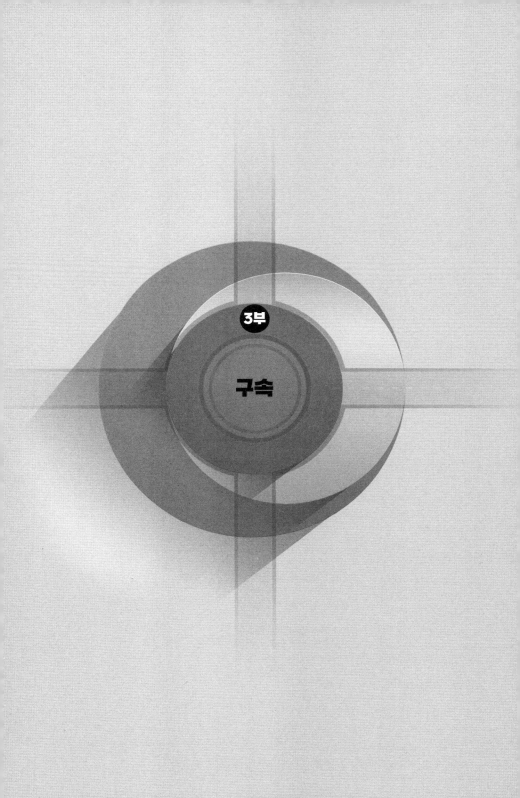

3부

구속

8장

치유

"걔들이 엄마 아빠에 대해 뭐라고 말하는지 알아요?" 우리가 저녁 식사를 위해 식탁에 둘러앉았을 때 애니카가 몇몇 아이가 우리 부부에 관한 말을 하면서 자기를 괴롭혔다고 말했다. "아빠, 애들이 아빠에 대해 뭐라고 말하는지 알고 싶으세요?" 남편은 별로 알고 싶지 않다고 말했지만, 애니카는 끈질기게 계속 말했다. "걔들이 '네 아빠는 흰머리가 있어. 그분이 네 할아버지니?'" 우리는 이에 관해 대화를 나누었다. 그 후 애니카는 나더러 "엄마, 걔들이 엄마에 대해 뭐라고 말하는지 들어보세요"라고 말했다.

"그래? 걔들이 뭐라고 하든?" 나는 어떤 말이 나올지 생각하면서 은근히 가슴이 두근거렸지만 태연하게 말하려고 애쓰며 대답했다. "걔들이 '네 엄마의 손은 정말 이상하게 생겼어. 네 엄마에게 무슨 문제라도 있는 거니?'라고 말했어요." 딸의 말에 나는 정말 눈물이 났다.

지난 30년 동안 나는 류마티스성 관절염으로 관절이 퇴화해 거의 매일 내 손에 적어도 어느 정도의 통증을 느껴왔다. 고등학생 시절에는 조금만 추워도 손이 파랗게 되어서 남들이 눈치채지 못하도록 내 손을 깔고 앉아있을 때도 있었다. 결혼식 날 나는 내 손에 대해 생각하고 싶지 않았기 때문에 긴 장갑을 꼈다. 나는 이런 감정들을 대체로 잘 다스려왔고, 이제 손을 숨기거나 과거에 가끔 고려해 보았던 재건 수술을 통해 손의 외모를 개선할 필요가 있다고 느끼는 경우는 거의 없다. 하지만 **내** 손 때문에 다른 아이들이 내 딸을 놀린다고 생각하니 해묵은 감정의 일부가 되살아났다. 내 손은 육체적 고통과 감정적 고통을 가져왔다. 내 고통이 내게는 중대하지만, 다른 많은 사람의 고통에 비하면 작다는 것을 알지만 말이다. 의사들과 약도 내 고통의 일부를 덜어줄 수 있었다.

　　내 딸이 세 살이었을 적에 내가 대규모 국제적 조사 연구를 이끌기 시작한 직후 정형외과 의사가 내 고관절 연골이 완전히 닳았다고 말했다. 그때 나는 서른여덟 살이었는데 걸음마다 내게 고통을 안겨줬다. 담당 의사는 내 엑스레이를 보고 "몹시 아프시겠군요. 다음 주에 수술할 수 있을 것 같습니다"라고 말했다. 나는 의사에게 "고관절 치환술에서 회복되는 동안 세 살짜리 아이를 어떻게 돌볼 수 있을까요? 그리고 어떻게 제 일을 계속할 수 있을까요?"라고 물었다. 그는 나를 보고 부드러운 음성으로 "그건 휠체어에 앉아서 세 살짜리 아이를 돌보면서 일도 할 수 있겠는지 자신에게 물어보셔야 합니다"라고 말했다. 4주 후 나는 보행기—당신은 양로원에서 90세 노인들이 사용하는 기구를 본 적이 있을 것이다—를 잡고 천천히 걸어 교실로

와서 학생들을 가르쳤다. 수술 8주 후 나는 의사에게 캘리포니아주의 나지막한 산에서 도보 여행을 하는 내 사진을 보냈다. 나는 "현대 의학의 불가사의"라고 불리는 것에 대해 깊이 감사하며 그것을 존경한다. 그것이 없다면 나 같은 류마티스 환자들은 걸을 수 없었을 것이다.

내 연구에 따르면 과학계와 종교계 구성원 모두 타인의 고통을 덜어주는 것을 중요하게 생각한다. 한 그리스도인 생물학 교수는 "고통은 커다란 신비입니다. 나는 우리에게 인간의 고통을 완화할 수 있는 능력이 있다면 우리가 그렇게 해야 한다고 생각합니다"라고 말했다. 그는 자신의 연구를 사용해서 고통을 완화하는 것이 과학자로서 자신의 소명의 일부라고 믿는다.[1] 복음주의자인 또 다른 생물학자는 과학 연구와 기술을 "고통을 완화하기 위해 개입하는 하나의 방법"으로 본다고 말했다.[2]

그러나 우리가 어떻게 치유를 제공할 것인지(우리가 치유를 위해 사용하는 기술 및 언제 다른 핵심적인 책무와 가치들보다 고통 완화를 우선시해야 하는지)는 신앙을 지닌 사람들이 고민하는 문제 중 하나다. 몇몇 그리스도인은 고통을 완화하기 위해 특정 의학 기술을 연구하거나 사용할 때 우리가 때때로 잘못된 길로 들어선다고 생각한다. 혹자는 과학자들이 고통의 완화 혹은 제거를 위해 과학 기술을 사용하는 데 지나치게 초점을 맞추고 다른 중요한 가치들을 희생한다고 우려한다.

---

1   RC_09, 생물학, 교수, 남성, 기독교 개혁교회, 2018년 3월 22일 인터뷰.
2   RC_03, 전산생물학, 부교수, 남성, 복음주의 언약교회, 2018년 2월 19일 인터뷰.

그들은 모든 고통에서 자유로운 삶이 반드시 궁극적인 목표는 아니라고 본다. 나도 자신의 신앙에 근거하여 고통이 고통받는 사람들에 대한 공감 같은 다양한 미덕들을 가르친다고 생각하는 그리스도인들이 있음을 발견했다. 한 생물학 교수는 "그리스도인들은…기독교 전통에 독특한, 고통 속에서도 살아갈 수 있는 자원이 있음을 긍정합니다"라고 말했다.[3]

고통 줄이기

조사 결과에 따르면 많은 그리스도인이 내가 겪은 것 같은 육체적 고통을 줄이는 의학의 능력을 높이 평가한다. 전국적인 어느 조사에 따르면 제도권 의학에 대한 그리스도인과 비그리스도인의 신뢰도에는 별 차이가 없다. 그리스도인의 35퍼센트와 비그리스도인의 38퍼센트가 의학을 매우 신뢰한다고 응답했다.[4] 그리스도인들을 다른 집단의 사람들과 비교했을 때 나는 의학 기술과 의학적 발견을 긍정하는 데 있어서 두 집단 사이에 거의 차이가 없음을 발견했다. 나는 또한 그리스도인들이 기초 과학 연구보다 의학 연구를 더 긍정한다는 것을 발견했다. 나는 이것이 부분적으로는 의학이 사람들을 더 직접적으로 돕는 것으로 인식되어 있고, 따라서 일부 그리스도인이 의학이

3　RC_09, 생물학, 교수, 남성, 기독교 개혁교회, 2018년 3월 22일 인터뷰.

4　Elaine Howard Ecklund and Christopher P. Scheitle, *Religion vs. Science: What Religious People Really Think* (New York: Oxford University Press, 2017), 130을 보라.

치료와 영적 중요성에 대한 좀 더 큰 잠재력을 지닌다고 인식하기 때문이라고 생각한다.

내가 인터뷰한 많은 그리스도인이 고통을 완화하고 치유를 제공하는 방법으로서의 의료 기술에 관해 긍정적으로 말했다. 그리스도인들은 흔히 이 세상과 인체에 하나님의 샬롬을 가져다주기 위해 타인의 고통을 줄이는 데 초점을 맞춘다. 성경의 많은 부분이 이 생각을 지지한다. 예수의 지상 사역의 많은 부분은 그가 다른 사람들이 만지려고 하지 않는 사람들을 만지시고, 다른 사람들이 치유할 수 없다고 생각하는 사람들을 치유하시는 것과 관련이 있다. 이 신학적 관점을 지닌 그리스도인들은 하나님이 우리가 우리 자신의 고통과 타인의 고통을 완화하기 위해 사용하도록 의료 기술을 창조하셨다고 생각하기도 한다. 내가 인터뷰한 어떤 그리스도인은 다음과 같이 설명했다. "약은 하나님이 주신 선물이며, 자기 백성을 돕도록 하나님이 의사와 연구자들에게 주신 것입니다. [하나님이 이렇게 말씀하시는 것 같습니다.] '내가 [그 의사에게] 그 약을 주었다. 내가 너를 만들었다. 그러니 내가 너를 그곳으로 보내 그 의사로부터, 그 과학으로부터, 내가 너를 위해 만든 그 약으로부터 네가 도움을 받도록 하겠다.'"[5]

또 다른 복음주의 청년 담당 사역자도 이 정서에 동의했다. "의사들이 암 치료 기술 같은 것들을 생각해 낼 수 있는 지식을 갖게 된

---

5 RUS_Mid-Low SES Missionary Baptist Church Chicago Int3, 2013년 7월 18일 인터뷰.

것은 우리가 '주님을 찬양'해야 할 일입니다.···엑스 레이와 방사선 스캔 분야의 신기술은 경이롭습니다."[6] 그런 언급은 다른 사람들의 고통을 완화하는 것으로 보이는 기술에 대한 전반적인 긍정을 보여 준다. 하지만 모든 그리스도인이 육체적 치유를 가장 높은 가치로 우선시하는 것은 아니다.

고통 완화에 존재하는 도덕적 위험

몇몇 그리스도인은 어떤 대가를 치르더라도 고통을 완화해야 한다고 생각하지 않는다. 그들은 이 미덕이 신중하게 적용되어야 한다고 생각한다. 우리는 언제 고통을 완화하는 것이 우리의 궁극적인 목표가 되어야 하며, 언제 다른 미덕들이 우선되어야 하는지를 결정해야 한다. (앞서 소개된) 어느 그리스도인 생물학 교수는 다음과 같이 말했다. "인간이 육체적으로 번영하는 것이 좋은 목표일까요? 그렇습니다. 따라서 그리스도인들은 할 수 있다면 확실히 인간의 고통을 피하기를 추구해야 합니다. 그러나 나는 의학 및 인간 생명 공학 기술의 적용과 관련된 많은 미사여구에서 우리가 때때로 넘지 말아야 하는 선을 넘어 우리의 육체적 웰빙을 '**최고의** 선'으로 격상시키고 있음을 발견합니다. 그리스도인들은 기본적으로 복된 삶을 사는 것을 인간

---

6   RUS_Low/Mid-Low SES Evangelical Christian Church Houston Int9, October 1, 2013 인터뷰.

의 번영에서 궁극적인 목표라고 규정합니다. 그것은 건강하다는 말과 같은 개념이 아니며, **행복하다**라는 통상적인 말과도 같은 개념이 아닙니다.…인간의 복된 삶이란 인생에 대한 하나님의 목적과 일치하는 삶입니다."[7]

앞 장에서 나는 과학자들에게 배아에서 유전 정보를 획득하거나 바꿀 수 있게 해주는 생식 유전 기술을 소개했다. 태 안에 있는 배아를 검사하고 때로는 질병을 확인하고 치료하는 데 사용되는, 질병에 초점을 맞춘 생식 유전 기술에는 확실히 고통을 줄일 수 있는 커다란 능력이 있다. 따라서 몇몇 그리스도인은 그 기술들이 지닌 신학적·윤리적 함의(즉, 이런 기술들이 생명의 신성함과 하나님의 역할을 감소시킨다)를 우려하면서도 그 기술들을 지지한다.[8]

사회학자 존 H. 에반스(John H. Evans)는 생식 유전 기술에 대한 그리스도인들의 견해는 그들이 고통이 줄여야 할 대상이라고 보는지 아니면 고통이 모종의 구속적(redemptive) 유익을 지닐 수 있다고 보는지에 따라 크게 영향을 받는다고 주장한다.[9] 개인들의 대다수는 고통을 부정적으로만 보고 질병을 가급적 빨리 치유하기를 원한다. 또는 좀 더 바람직하기로는 질병들을 완전히 예방하기를 원한다. 대다수 그리스도인은 심지어 고통 완화를 위한 유전학적 수단도 지지

---

7   RC_09, 생물학, 교수 겸 학과장, 남성, 기독교 개혁교회, 2018년 3월 22일 인터뷰.

8   Ecklund and Scheitle, *Religion vs. Science*, 117.

9   John H. Evans, *Playing God? Human Genetic Engineering and the Rationalization of Public Bioethical Debate* (Chicago: University of Chicago Press, 2002); Courtney S. Campbell, "The Ordeal and Meaning of Suffering," *Sunstone* 18, no. 3 (1995): 37-43도 보라.

하며, 따라서 질병에 초점을 맞춘 생식 유전 기술의 사용을 강력하게 지지한다.[10] 에반스는 그가 조사한 복음주의 그리스도인 대다수가 고통을 줄이기 위한 생식 유전 기술 사용을 지지하지만, 복음주의 그리스도인 중 많은 사람은 또한 고통에 잠재적인 가치가 있다고 생각한다는 것을 발견했다. 예를 들어 일부 그리스도인은 고통이 하나님의 계획의 일부라고 믿거나, 더 큰 선에 기여하고 훌륭한 삶의 일부가 될 수 있다고 믿는다. 고통이 우리에게 좀 더 큰 공감과 동정심 및 회복력을 지니게 할 수 있고, 어려움을 당한 사람들을 좀 더 잘 위로하고 지원하는 방법을 우리에게 가르쳐주기 때문이다.

에반스는 또한 「더 컨버세이션」(The Conversation)에 기고한 글에서 고통의 한 형태로 여겨지는 것이 어떻게 복잡해질 수 있는지를 논의한다. "일단 유전자 하나를 바꾸는 방법을 알아내면 우리는 그 기능에 상관없이 어떤 유전자라도 바꿀 수 있다. 우리가 겸상 세포를 고친다면, 청각 장애나 후발성 심장병, 혹은 '통상적 수준의' 지능 결여, 심지어 우수한 지능의 결여는 왜 고치지 못하겠는가?" 그는 그 기고문의 뒤에 이렇게 덧붙였다. "몇몇 의사는 '개선'(enhancement)이라는 표현이 더 적절해 보이는 행위(성형 수술을 생각해 보라)에 종사하기 때문에 우리가 오로지 의료계에 의존하여 질병을 정의할 수도 없다. 미국 국립과학원(National Academy of Sciences)의 최근 보고서는 질병과 개선 사이의 구분이 매우 혼란스럽다고 결론지었다."[11]

---

10   Ecklund and Scheitle, *Religion vs. Science*, 129.

11   John H. Evans, "The Road to Enhancement, via Human Gene Editing, Is Paved with Good Intentions," *The Conversation*, November 27, 2018, http://theconversation.

질병의 고통을 경감하기 위해 인간 배아줄기세포를 이용하여 시행하는 연구는 그리스도인들에게 생식 유전 기술 사용과 마찬가지로 많은 신학적·윤리적 문제를 제기한다. 좀 더 구체적으로 말하자면 그것은 우리 그리스도인에게 두 가지 중요한 도덕 원칙, 즉 인간 생명의 가치를 존중할 의무와 고통을 예방하거나 경감할 의무 사이에서 판단을 내리도록 강제한다. 인간 배아줄기세포는 배아가 자궁에 이식되기 전에 배아에서 발견되는 세포들이다.[12] 이 세포들은 "근육, 신경, 혈액 등 다양한 세포들을 형성할 수 있는 능력"을 지니고 있으며, 따라서 "본질적으로 기초적 연구를 위한 특정한 유형의 세포를 무제한으로 제공하기" 때문에 특별하다.[13] 과학자들은 이 세포들을 이용하여 심장병이나 백혈병 등 많은 질병을 연구할 수 있다. 배아줄기세포를 얻기 위해서는 초기 배아를 파괴해야 한다. 이것은 잠재적인 인간의 생명을 파괴하는 것을 의미한다. 그러나 인간 배아줄기세포 연구는 수백만 명의 고통을 덜어줄 새로운 치료법 발견으로 이어질 수 있다.[14] 바로 이 점이 많은 그리스도인이 갈등하는 이유다.

내가 사회학자인 크리스토퍼 샤이틀(Christopher Scheitle)과 수행

com/the-road-to-enhancement-via-human-gene-editing-is-paved-with-good-intentions-107677.

12   Junying Yu and James A. Thomson, "Embryonic Stem Cells," National Institutes of Health, 2016, https://stemcells.nih.gov/info/RegenerativeMedicine/2006Chapter1.htm.

13   Yu and Thomson, "Embryonic Stem Cells."

14   "Embryonic Stem Cell Research: An Ethical Dilemma," EuroStemCell, 2019, https://www.eurostemcell.org/embryonic-stem-cell-research-ethical-dilemma.

한 전국적인 조사에서 우리는 복음주의자들의 약 66퍼센트가 질병을 치료하기 위해 노력하는 맥락에서도 인간 배아의 파괴가 도덕적으로 잘못이라고 믿는다는 것을 발견했다.[15] 내 연구 중 하나에 따르면 미국의 그리스도인 과학자 중 44퍼센트는 정부가 실험실에서 만들어진 인간 배아에서 추출한 세포를 사용하는 연구를 지원해야 한다는 데 매우 또는 어느 정도 동의한다(조사에 응한 모든 미국 과학자 중 60퍼센트가 그렇게 생각한다).[16] 이 연구에 대해 유보적인 태도를 지닌 몇몇 그리스도인(일부 그리스도인 과학자를 포함한다)은 인간 배아줄기세포가 고통을 줄이고 더 큰 선을 증진할 수 있는 능력이 있음을 강조함으로써 궁극적으로 인간 배아줄기세포 연구를 지지했다. 그런 견해를 취하는 그리스도인 신경심리학자인 레베카(Rebecca)는 "나는 그 연구가 윤리적인 방식으로 수행되고 인간의 삶에 유익을 주기 위한 목적으로 진행된다면 괜찮다고 생각합니다.…생명은 수정되는 시점에 시작됩니다. 하지만 만약 사람들이 [인간] 배아줄기세포에 접하는 상황이 발생할 경우, 그 줄기세포가 좀 더 많이 아는 가운데 사용되고 그 결과 좀 더 큰 선이 나온다면 구속이 존재할지도 모릅니다"라고 말했다.[17]

또 다른 그리스도인은 자기가 보기에는 인간 배아줄기세포가 지닌 치유 잠재력이 인간 배아줄기세포 연구에 존재하는 잠재적인

15   Ecklund and Scheitle, *Religion vs. Science*, 121.
16   국제적 맥락에서 본 과학자들 사이의 종교(Religion among Scientists in International Context, RASIC), 2011-15.
17   RUS_High SES Mainline Church Houston Int25, June 21, 2013 인터뷰.

도덕적 문제들을 능가하며, 생명은 신성하기 **때문에** 우리가 반드시 인간 배아줄기세포 연구를 수행해야 한다고 말했다. 그녀는 다음과 같이 설명했다.

> [인간 배아줄기세포는] 인체에 존재하는 모든 유형의 세포가 될 수 있습니다. 줄기세포에게 올바른 신호를 보내기만 하면 됩니다. 그 점이 그 세포들을 치료 기술로서 믿을 수 없을 정도로 강력하게 만듭니다.…우리가 척추를 다친 사람들의 신경의 일부를 치료하면 그들이 다시 걸을 수 있을 것입니다. 그리고 췌장암에 걸린 사람들에게는 그들의 췌장을 꺼낸 다음, 그들에게 새로운 췌장을 넣어 줄 수 있을 것입니다.…이 기술로 사람들의 삶이 믿을 수 없을 정도로 풍요로워질 것입니다. 그것은 직관에 반하는 것으로 들리지만 생명은 신성합니다. 그렇지 않은가요? 그리고 고통은 좋지 않습니다. 아무도 다른 사람에게 고통이 가해지는 것을 원하지 않습니다. 그리고 우리에게는 삶을 개선시킬 방법이 있습니다.[18]

어느 그리스도인 유전학 교수는 자기의 핵심적 연구 대상인 유전자 편집 기술에 대해 이와 비슷하게 말했다.[19] "이 돌연변이가 항상 이

---

18   RISE_AAB03, 여성, 회계사, January 22, 2016 인터뷰. 종교, 불평등, 과학 교육(The Religion, Inequality, and Science Education, RISE) 연구는 흑인, 라틴계, 한국인 그리스도인들을 대상으로 과학과 의학에 대한 그들의 태도에 관해 실시한 인터뷰들이다.

19   RC_07, 유전학, 부교수, 남성, 복음주의자, 2018년 3월 9일 인터뷰.

질병을 일으키는 것이 명백하다면 우리는 아마도 그 원인에 집중할 수 있을 것입니다. 그렇지 않나요? 그리고 그렇게 할 기회가 있는데도 하지 않는 것은 더 큰 잘못이라고 말하는 사람도 있을 것입니다. 저도 그렇게 생각합니다." 그러나 그는 이 기술이 경제적 불평등 및 인종적 부정의(이는 또 다른 유형의 고통이다)와 관련된 심각한 문제들을 초래한다고 우려한다. 이 점은 연구자들이 누가 이런 치료를 받을 수 있는지 그리고 이런 치료법들이 누구를 위해 개발될지 질문할 필요가 있음을 의미한다. 현재 고통을 완화하는 것이 미래에 다른 형태의 고통으로 이어질 수 있는데, 이는 의료 기술이 때로는 그리스도인들에게 경쟁하는 다양한 고통을 비교하도록 요구한다는 것을 의미한다. 한 복음주의 생물학자는 이 점에 동의하면서 자신은 "공동선을 향상하는 과학 연구를 하고 싶지만, 내가 이뤄내는 발전이 세상에 부정의를 만드는 데 쉽게 사용될 수 있습니다"라고 말했다.[20]

유전자 편집의 또 다른 형태인 **인간 생식 세포 유전자 편집**은 변화가 다음 세대들에게 유전되게 하는 방식으로 어느 개인의 게놈을 변화시키기 때문에 논란이 되고 있다. 여러 우려 중 하나는 그런 기술이 새로운 형태의 고통을 만들어 낼 가능성이 있다는 것이다. 어느 과학자는 "생식 세포 편집 치료에 내재한 가장 큰 위험 중 하나는 최초의 유전자 편집 이후 여러 세대 후에나 인식하게 될, 예상치 못한 부작용을 지닌 대립 유전자를 만들어 낸다는 것입니다"라고 말했

---

20   RC_03, 전산 생물학, 부교수, 남성, 복음주의 언약교회, 2018년 2월 19일 인터뷰.

다.[21] 어떤 사람들에게는 바로 이 점이 하나님 역할을 한다는 말이 의미하는 내용이다.

다른 사람에게 위안을 제공하기

성경에는 그리스도가 가난한 사람, 외로운 사람, 병든 사람들과 함께 고통받으신다는 증거가 많다. 우리가 기독교 공동체에서 병든 사람들과 함께 고통받는다는 것은 무슨 의미인가? 내가 수행한 어느 연구에서 나는 소아암 전문의들의 병원을 찾아가 그들이 신앙과 과학 사이의 관계를 어떻게 생각하는지에 관해 그들과 대화했다. 나와 대화한 의사 중 몇몇은 무신론자나 불가지론자들이었지만, 많은 사람은 그리스도인이거나 다른 종교의 신자들이었다. 나는 본인은 신봉하는 종교가 없는 의사들이 종종 환자들의 신앙을 매우 존중한다는 것과 그들이 의학적 돌봄과 더불어 종교적 또는 영적 돌봄이 필요하다고 생각한다는 것을 발견했다. 한 소아암 전문의는 환자들이 고통받는 것을 볼 때 자신이 느끼는 깊은 고통을 설명하면서 "나는 아이가 4기 신경모세포종(신경암)에 걸려 고통스럽게 죽도록 내버려 두는 하나님을 받아들일 수 없다는 점에서 아마도 불가지론자에 가까울

21 Tomislav Mestrovic, "CRISPR: Ethical and Safety Concerns," News-Medical.Net, August 23, 2018, https://www.news-medical.net/life-sciences/CRISPR-Ethicaland-Safety-Concerns.aspx.

것입니다"라고 말했다.[22]

기독교 목사인 데이브 줄레거(Dave Zuleger)는 신약성경(고후 1:11)에서 바울이 많은 사람에게 자신을 위해 기도해 달라고 부탁하면서 하나님이 자신의 생명을 계속 허락하신다면 하나님이 좀 더 많은 영광을 받으실 것이고 다른 사람들에게 좀 더 널리 알려지실 것이라고 말했음을 지적한다. 바울은 자신의 고통과 짐을 다른 사람들과 나누는 것이 하나님께 영광을 돌린다는 것과, 줄레거의 말로 표현하자면, "강력하게 지탱하시는 하나님의 은혜"를 강조한다는 것을 깨닫는다.[23] 바울은 비슷한 생각을 제시한다. "찬송하리로다. 그는 우리 주 예수 그리스도의 하나님이시요, 자비의 아버지시요, 모든 위로의 하나님이시며, 우리의 모든 환난 중에서 우리를 위로하사 우리로 하여금 하나님께 받는 위로로써 모든 환난 중에 있는 자들을 능히 위로하게 하시는 이시로다. 그리스도의 고난이 우리에게 넘친 것 같이 우리가 받는 위로도 그리스도로 말미암아 넘치는도다"(고후 1:3-5). 어떤 사람들은 이 구절들에 기록된 바울의 말은 다른 사람들과 함께 고통받는 것이 우리를 향한 하나님의 계획의 일부라는 의미라고 해석한다. 즉 하나님이 **고통 가운데 있는** 우리를 위로하셔서 우리가 다

---

22   PedsOnc5, October 19, 2005. 학계에 종사하는 과학자들 사이의 종교(Religion among Academic Scientists) 연구의 일부로서 나는 의과 대학원의 소아과 및 소아암 교수들과 인터뷰한다. 이 연구의 일부는 다른 곳에서 출간되었다. 예컨대 Wendy Cadge, Elaine Howard Ecklund, and Nicholas Short, "Constructions of Religion and Spirituality in the Daily Boundary Work of Pediatric Physicians," *Social Problems* 56, no. 4 (2009): 702-21을 보라.
23   David Zuleger, "God Brings Us Suffering for Others' Sake," *Desiring God*, July 6, 2015, https://www.desiringgod.org/articles/god-brings-us-suffering-for-others-sake.

른 사람들을 위로할 수 있게 하신다는 것이다. 우리의 고통은 고통당하는 다른 사람들에게 진정한 공감과 동정을 베풀 수 있는 능력을 우리에게 준다.

그리스도인 강사인 수 볼린(Sue Bohlin)도 이와 유사하게 "고통은 우리가 고통받는 다른 사람들을 위로할 수 있도록 준비시키고" 그들에게 용기를 주도록 도와준다고 자신의 견해를 밝힌다. 그녀는 이렇게 말한다. "당신의 고통은 당신 자신과만 관련되지 않을 수도 있다. 그것은 다른 사람과 관련될 수도 있으며, 당신이 지금 겪고 있는 일 때문에 당신이 줄 수 있는 것이 필요할 미래의 누군가에게 위안과 희망을 주기 위해 당신을 준비시키는 것일 수도 있다."[24]

몇몇 그리스도인도 이와 비슷하게 우리가 고통에서 의미를 발견할 수 있다고 믿는다. 그들은 고통을 미화하지는 않지만, 고통이 더 큰 목적을 위해 사용될 수 있다는 희망을 품는다. 어떤 사람들은 우리가 개인적으로 당하는 고통을 인내함으로써 다른 사람들을 섬길 수 있다고 믿는다. 앞서 인간의 고통을 줄이는 것의 중요성에 관해 이야기했던 그리스도인 생물학 교수는 "나는 하나님은 어떻게 해서든 우리가 한계를 지닌 인간으로서 경험하는 고통을 취하셔서 적어도…그것에서 선을 이루실 수 있다고 생각합니다"라고 말했다.[25] 그는 계속해서 다음과 같이 말했다. "따라서 그런 고통에 구속적인 결과가 있을 수 있습니다. 그렇다고 해서 내가 고통이 없기를 바라지

---

24 Sue Bohlin, "The Value of Suffering: A Christian Perspective," Probe Ministries *Probe for Answers* (blog), May 27, 2000, https://probe.org/the-value-of-suffering.

25 RC_09, 생물학, 교수, 남성, 기독교 개혁교회, 2018년 3월 22일 인터뷰.

않는다는 뜻은 아닙니다. 나는 고통이 없기를 바랍니다. 하지만 나는 또한, 한계가 있는 내 방식으로, 하나님이 엄청난 고난을 겪은 다른 사람들의 삶에서 훨씬 더 위대한 방식으로 선을 이루실 수 있음을 목격합니다." 그렇게 생각하는 그리스도인들은 그들의 고통 안에 구속의 가능성이 있다는 희망을 지닌다.

근위축성 측삭경화증(Amyotrophic Lateral Sclerosis, ALS, 일명 루게릭병)을 앓고 있는 그리스도인 작가이자 사지마비 환자인 토드 네바 (Todd Neva)는 "나는 고통을 받고 있지만, 한 가지 멋진 일은 내 마음이 이 세상의 고통에 대해 열려있다는 것이다"라고 말했다.[26] 토드와 그의 아내 크리스틴(Christine)은 신앙을 통해 그들의 고통에 의미를 부여한다. 그는 자신의 블로그에 올린 글에서 "자동차를 소유해 본 사람이라면 누구나 자동차에 기능이 많을수록 더 잘 고장 날 수 있다는 것을 안다. 그리고 지금까지 디자인된 기계 중 가장 복잡한 기계인 인체에 작은 결함—작은 단백질 하나가 빠지거나, 작은 DNA 사슬 하나가 부러지거나, 염색체 하나가 불량품이거나, 약간의 오염이 발생하는 등—만 있어도 우리는 아프고, 질병에 걸리고, 고통을 겪는다"라고 말한다. 그는 훗날 "잘못될 수 있는 것을 모두 알아낼 방법은 없으며, 전혀 위험이 없는 삶을 살 방법은 없다. 때로는 일들이 그냥 일어난다"라고 결론짓는다.[27] 여기에 젊은 그리스도인이 4기 암

26   Todd Neva, "The Purpose of Suffering," *Neva Story* (blog), March 14, 2017, http://
      nevastory.com/the-purpose-of-suffering.
27   Todd Neva, "Did He Allow It? A Response to a Question after the Father's Day
      Flash Floods in the Keweenaw," *Neva Story* (blog), June 19, 2018, http://nevastory.

진단을 받는다는 것이 어떤 것인지에 관한, 듀크 대학교 교수 케이트 보울러(Kate Bowler)의 아름답고 견디기 힘들었을 회고록을 추가해 보라. "암에 대한 공포가 모든 사물이 밝게 칠해진 것처럼 보이게 만들었다. 나는 '인생은 정말 아름답다. 인생은 너무 힘들다'는 생각을 계속 반복한다." 보울러는 다음과 같이 설명한다. "그들[그녀를 격려하는 사람들]이 내 옆에 앉아 내 손을 잡았을 때, 내 고통이 마치 내게 다른 사람들의 고통을 보여준 것처럼 생각되기 시작했다."[28]

내가 인터뷰한 복음주의자인 생물학자는 자기의 역할 모델이라고 밝힌 마틴 프라이스(Martin Price)에 관해 이야기했다. 프라이스는 "기아를 줄이고 전 세계의 삶을 개선하기 위해" 노력하는 기독교 단체인 ECHO를 설립했다.[29] 이 생물학자가 보기에 프라이스는 그의 경력을 바탕으로 그에게 개인적으로 더 많은 부를 가져다주었을 다른 일을 할 수 있었다. 그러나 그는 프라이스가 "공동선과 교회와 잃어버린 사람들을 위해 고통에 순종해 온 사람"이라고 본다. 그 생물학자는 자기가 "공동선을 증진하는 과학 연구를 하기"를 원하지만, 자신은 과학이 세상의 모든 문제를 해결할 수 있다고 믿지 않는다고 설명한다. 따라서 세상은 공동선을 위해 기꺼이 고통당하는 사람들

---

com/did-he-allow-it.

28 Kate Bowler, *Everything Happens for a Reason: And Other Lies I've Loved* (New York: Random House, 2018), 123, 121을 보라. Kate Bowler, "Everything Happens for a Reason"—and Other Lies I've Loved," December 2018 촬영, TedMed, 14:43, https://www.ted.com/talks/kate_bowler_everything_happens_for_a_reason_and_other_lies_i_ve_loved?도 보라

29 "Core Values and History," ECHO, https://www.echonet.org/core-values-history.

을 필요로 한다. 그는 "실제로 예수의 순종과 고난의 본을 따라 자신에게 주어진 힘을 가족이 아닌 사람들을 위해 내어주는 사람들이 부족합니다"라고 말했다.[30]

이 장의 서두에서 내가 말했던 이야기로 돌아가자면, 나는 그날 밤 늦게 예수의 치유를 조금 경험했는데 그것은 내 치료를 담당했던 의사들을 통해서 얻은 것과는 다른 종류의 구속이었다. 내가 저녁 식사 후 애니카를 씻기고 침대에 눕히고 있었을 때 애니카가 조심스럽게 내 손 위에 자기 손을 얹고 부드럽게 두드리며 이렇게 말했다. "엄마가 눈물을 흘린 걸 알아요, 엄마의 마음을 상하게 해서 미안해요. 나는 엄마가 엄마의 손을 좀 더 나은 모습으로 보이도록 수술을 받을 필요가 없다는 걸 알면 좋겠어요. 나는 엄마의 손이 내 엄마의 손이기 때문에 그 손을 있는 그대로 사랑해요."

추가 토론

1. 당신은 육체적 고통을 경험한 적이 있는가? 당신은 그 고통을 다른 사람들에게 말하거나 그 고통에 관해 글을 써본 적이 있는가?

2. 당신은 육체적으로 고통받고 있는 다른 사람들을 돌본 경험이 있는가? 다른 사람들이 필요로 하는 의료 서비스를 이용할 수 있도록 도움을 준 적이 있는가?

---

30 RC_03, 전산 생물학, 부교수, 남성, 복음주의 개혁 교회, 2018년 2월 19일 인터뷰.

3. 당신은 생식 유전 기술에 대해 어떻게 생각하는가? 여전히 그 기술들과 그 기술들의 함의에 대해 의문이 있다면 당신은 어디에서 답을 찾을 수 있는가?

4. 의학이 당신과 가까운 사람에게 도움을 주었던 때를 생각해 보라. 당신은 이 의학 기술에 대해 어떤 느낌이 들었는가? 당신은 의학과 당신의 신앙 사이의 관계에 대해 어떻게 생각하는가?

5. 당신은 특정한 의학 기술과 관련된 도덕적 이슈들에 대해 어떻게 생각하는가? 당신이 이러한 이슈들을 생각할 때 당신의 교회 공동체는 어느 정도로 도움이 되는가?

6. 당신은 우리가 고통을 없애기 위해 할 수 있는 모든 조치를 취해야 한다고 생각하는가, 아니면 우리가 고통을 없애는 것보다 우선시해야 할 다른 미덕이나 가치들이 있다고 생각하는가?

9장

경외심

몇 년 전에 미국 항공 우주국(NASA)에서 일하는 그리스도인 천체 물리학자 제니퍼 와이즈먼(Jennifer Wiseman)이 우리 교회에 강연하러 왔다.[1] 내 남편은 그녀를 소개하며 다음과 같이 말했다. "나는 시편 19편을 읽으면서 '하늘이 하나님의 영광을 선포한다'[1절]는 것을 인식하지만, 제니퍼 박사는 이 구절을 읽으면서 나보다 훨씬 많은 것을 인식합니다. 그녀는 천문학자로서 연구를 통해 별들의 팽창을 목격함으로써 얻게 된 훨씬 더 깊은 경외심을 지니고 있습니다. 그리고 그녀는 오늘 밤 우리 교회에서 과학자가 아닌 사람들에게 그 경외심을 좀 더 깊이 느끼게 해주기 위해 이곳에 왔습니다."

많은 과학자는 그들이 하는 일을 통해 자연 세계의 아름다움을

---

1   Jennifer Wiseman에 관한 좀 더 자세한 내용은 "Dr. Jennifer J. Wiseman—Hubble Senior Project Scientist," NASA, August 3, 2017, https://www.nasa.gov/content/goddard /dr-jennifer-j-wiseman-hubble-senior-project-scientist를 보라.

보면 자신의 마음이 얼마나 경이와 경외심으로 가득 차는지에 관해 이야기한다. (그들은 경이와 경외심에 높은 가치를 부여한다.) 그들이 자연 세계—가장 작고 복잡한 부분들까지도—를 분석하고, 관찰하고, 이해할 때 그들의 놀라움과 경탄과 감사하는 마음은 점점 더 커진다. 우리 시대의 가장 뛰어난 물리학자 중 한 명인 리처드 파인만(Richard Feynman)은 다음과 같이 말했다. "우선, [보통 사람이] 보는 아름다움은 다른 사람들도 볼 수 있고 나도 볼 수 있다.…나는 꽃 한 송이의 아름다움을 감상할 수 있다." 파인만은 큰 호기심이 깊은 경외심을 불러일으킬 수 있다는 것도 알았다.

동시에 나는 그 꽃에서 그 사람이 보는 것보다 훨씬 더 많은 것을 본다. 나는 내부의 세포들을 상상할 수 있는데, 그것들 역시 아름다움을 지니고 있다. 1센티미터의 크기에만 아름다움이 존재하는 것이 아니라 더 작은 크기에도 아름다움이 존재한다.

복잡한 세포 작용들과 다른 과정들이 존재한다.…과학 지식에서 나오는 모든 종류의 흥미로운 질문은 어떤 꽃에 대한 흥분과 신비와 경외심을 더해주기만 할 뿐이다. 과학 지식은 [흥분과 신비와 경외심을] 더해주기만 한다. 나는 과학 지식이 [그 감정들을] 어떻게 줄이는지 알지 못한다.[2]

2   Richard P. Feynman, *What Do You Care What Other People Think? Further Adventures of a Curious Character* (New York: Norton, 1988), 11.

심지어 리처드 도킨스 같은 무신론자 과학자들도 과학을 통해 경외심을 느낀다고 말한다. "과학이 우리에게 줄 수 있는 경이로운 경외심은 인간의 정신이 체험할 수 있는 최고의 경험 중 하나다. 그것은 음악이나 시가 전달할 수 있는 것과 대등한 최고 수준의 심오한 심미적 감정이다."[3]

경외심은 겸손과 호기심이라는 미덕과 가장 밀접한 관련이 있는 미덕일 것이다. 아인슈타인의 말을 인용하자면, "열정적으로 호기심을 갖는 것"은 우리를 탐구로 이끌어 주는데, 그 탐구의 종국은 종종 경외심으로 이어진다.[4] 경외심은 "타자" 및 그 "타자"의 잠재적인 아름다움과 선함을 진심으로 인정하는 것이다. 그리고 경외심은 부분적으로는 우리 자신의 한계를 충심으로 인정하는 데서 나온다. 캘리포니아 대학교 어바인 캠퍼스의 심리학 및 사회 행동학 조교수인 폴 피프(Paul Piff)와 동 대학교 버클리 캠퍼스 심리학 교수인 대처 켈트너(Dacher Keltner)는 아마도 겸손과 경외심 사이의 경로를 묘사하면서 경외심은 "이 세상에 대한 우리의 이해를 초월하는 어떤 거대한 존재 앞에 서 있는 느낌"이라고 설명한다.[5] 버밍엄 대학교의 품성 교육 및 미덕 윤리 교수인 철학자 크리스티안 크리스티안손(Kristján

---

3   Richard Dawkins, *Unweaving the Rainbow: Science, Delusion, and the Appetite for Wonder* (Boston: Mariner, 2000), x. 『무지개를 풀며』, 바다출판사 역간.

4   Walter Isaacson, *Einstein: His Life and Universe* New York: Simon & Schuster, 2007), 548.

5   Paul Piff and Dacher Keltner, "Why Do We Experience Awe?," *New York Times*, opinion, May 22, 2015, https://www.nytimes.com/2015/05/24/opinion/sunday/why-do-we-experience-awe.html.

Kristjánsson)은 자신이 경험한 경외심을 다음과 같이 설명한다.

> 나는 열일곱 살 때이던 10월 초 어느 날 아이슬란드 북동쪽의 국립공원에 위치한 홀료다클레타르(Hljóðaklettar)라는 유명한 원주형 분화구 지역을 처음 가봤다. 그곳에는 독특한 "현무암 장미들"이 있었다. 관광객들이 모두 떠나고 한 명도 보이지 않았고, 단풍이 든 키 작은 자작나무들에 둘러싸인 "장미 모양" 기둥들만 있었으며, 거대한 회색빛 빙하 강이 극명하게 대조되는 배경을 제공했다. 나는 거대함, 일체감, 시간이 멈춘 듯한 느낌이 섞여 있는 심미적 황홀감을 경험했다. 나는 차이코프스키의 바이올린 협주곡 같은 위대한 음악을 들을 때 그런 느낌을 잠깐 경험했지만, 그곳에서나 다른 어떤 곳에서도 그 느낌을 완전히 다시 경험할 수는 없었다.[6]

크리스티안손에게 가장 심오한 경외심은—내가 인터뷰한 많은 과학자에게도 그렇듯이—일생에 한 번뿐인 경험처럼 느껴질 수 있다. 자연 세계와 자연에 대한 과학적 탐구는 하나님이 일으키시는 경외심과 유사한 경외심을 끌어낼 수 있는 바, 그리스도인 과학자들(두 공동체 모두에 발을 들여놓은 사람들)은 과학적 경외심과 종교적 경외심이 어떻게 하나이고 똑같을 수 있는지 우리에게 보여줄 수 있을 것이다.

---

6   Kristján Kristjánsson, *Virtuous Emotions* (New York: Oxford University Press, 2018),
     144-45.

과학에서 경외심 발견하기

많은 그리스도인 과학자가 내게 자연에서 아름다움을 보는 것과 자연이 일으키는 경외심 및 경이로움에 관해 말했다. 어떤 사람들에게는 자연이 지닌 이 매력이 그들이 과학 분야에 종사하는 이유의 큰 부분이다. 한 그리스도인 물리학자는 "자연 일반에서 경외감과 경이로움"을 느끼는 것에 대해 다음과 같이 설명했다. "나는 경외심을 느끼지 못한다면 과학 분야에 종사할 이유가 없다고 생각합니다. 자연에 뭔가 놀라운 점이 있다고 생각되지 않고, 자연을 연구하는 것이 재미있고 흥미롭지 않다면…왜 보수가 낮고 스트레스가 많은 이 분야에 종사하려고 하겠습니까?" 그는 "나는 그런 마음과 감정이 **없다**는 것을 상상할 수 없습니다"라고 결론지었다.[7] 한 그리스도인 생물학자는 비슷한 감정을 표현했다. "우리는 우리가 발견한 것에 매료되고 절대적인 경외심에 사로잡힙니다. 그리고 우리는 더 열심히 살펴보고 더 많이 알수록 우리가 모른다는 것과 새로 발견하는 작은 것들 모두가 얼마나 멋진지를 깨닫습니다. 그리고 그런 것들을 알아가는 것은 정말 놀라운 일입니다."[8]

또 다른 생물학자는 자신의 연구에서 세포를 관찰하는 동안 경험하는 아름다움과 경외심을 다음과 같이 표현했다.

---

7 RASIC_US64, 물리학, 가톨릭 대학원생, 남성, 2015년 4월 17일 인터뷰.

8 RC_08, 진화생물학과 기후변화, 연구원, 여성, 기독교 개혁교회, 2018년 3월 21일 인터뷰.

세포들이 매우 정확한 방향으로 움직이고 집단적으로 그렇게 움직이므로 이것은 일종의 **배아들의 라인댄스**라는 의미에서 세포들이 참으로 복잡하고 섬세한 안무 동작을 하는 것으로 드러났습니다.…이것은 참으로 놀라운 일입니다. 우리는 이 세포들이 춤을 출 때 그 세포들을 통제하는 분자들을 이제 막 이해하기 시작했지만, 그 춤 자체가 내게는 영원히 놀라운 일입니다.…그리고 나는 매우 정교한 현미경을 사용하여 이 활기 넘치는 세포들을 볼 때 결코 지루하다고 느껴지지 않습니다.[9]

일부 그리스도인 과학자들에게 있어 과학 연구는 그들을 과학에 대한 이해뿐만 아니라 하나님에 대한 경이감도 강화해주는 경외심과 경이감으로 충만하게 해준다. 역사상 많은 그리스도인이 자연 세계를 통해 하나님을 추구하다 위대한 과학적 발견을 했고, 오늘날 많은 그리스도인 과학자가 자연 세계에서 발견되는 하나님의 아름다움을 추구한다는 점을 의식하면서 연구를 시작한다. 그들에게 과학 연구는 그들로 하여금 하나님이 지으신 창조 세계를 더 잘 관찰하고 이해하게 해주며, 그들을 하나님께 더 가까이 나아가게 하는 예배의 한 형태다. 내가 인터뷰한 한 생물학자는 다음과 같이 말했다. "나는 과학에서 우리가 두 가지를 볼 수 있다고 생각합니다. 많은 신비와 많은 아름다움이 있습니다. 나는…신비는 경이감을 일으키고 …아름다움은 경외심을 일으킨다고 생각합니다." 그는 계속해서 이렇게 말

---

9   RC_09, 생물학, 교수 겸 학과장, 남성, 기독교 개혁교회, 2018년 3월 22일 인터뷰.

했다. "이 우주는 상상도 할 수 없을 정도로 광대하게 창조되었습니다. 그래서 나는 우리가 이런 것들을 볼 때 그저 엎드려 그분을 예배하는 순간이 있다고 생각합니다. [하나님이] 이 세상을 우리에게도 이해될 수 있도록 만들기로 작정하셨다는 것은 아름답고 놀라운 일입니다. 내 말은 그것은 여러 면에서 정말 놀랄만하다는 뜻입니다. 내 말은 내가 매일 아름다움과 만난다는 뜻입니다."[10] 나와 대화를 나누었던 한 유전학자는 이와 비슷한 생각을 표명했다. "이것은 자연 세계에 대한 발견의 놀라운 전율일 뿐 아니라 그것을 만드신 하나님에 대한 발견의 놀라운 전율이기도 합니다. 따라서 그것은 정말 멋지고 놀랍도록 경외심을 고취하는 일이며, 따라서 그것은 나를 하나님과 곧바로 연결해줍니다."[11]

그리스도인 과학자들은 또한 과학적 연구 과정에서 그리고 과학자라는 직업에서 아름다움을 발견한다. 그들은 밝혀진 세부 사항들과 발견된 것들에 대해 경외감을 느낀다. 어떤 그리스도인 물리학자는 다음과 같이 설명했다. "우리는 사물들이 어떻게 작동하는지 등을 배우는 데 많은 시간을 보냅니다.…나는 그것에 참으로 흥미를 느낍니다. 나는 그것이 어떻게 작동하는지, 누가 그것을 생각해냈는지, 모든 것이 얼마나 복잡한지 등은 정말 놀랍다고 생각합니다."[12] 내가

---

10   RC_03, 생물학, 부교수, 남성, 복음주의 언약교회, 2018년 2월 19일 인터뷰; Andrew Wilson, *Spirit and Sacrament: An Invitation to Eucharismatic Worship* (Grand Rapids: Zondervan, 2018)도 보라. Wilson도 비슷하게 생각한다.

11   RC_07, 유전학, 부교수, 남성, 복음주의 그리스도인, 2018년 3월 9일 인터뷰.

12   RASIC_US49, 물리학, 대학원생, 여성, April 8, 2015 인터뷰.

어느 그리스도인 생물학자에게 그녀가 하는 연구에서 아름다움을 발견하는지 질문하자 그녀는 다음과 같이 말했다. "나는 확실히 아름다움을 발견합니다. 그리고…심지어 종교가 없는 과학자들도 아름다움을 발견합니다. 바로 그것이 우리가 과학 분야에 종사하는 이유입니다. 우리는 우리가 발견한 것에 매료되고 절대적인 경외심에 사로잡힙니다. 그리고 우리는 좀 더 열심히 살펴보고 좀 더 많이 알수록 우리가 모른다는 것과 새로운 작은 발견들 모두가 매우 멋지다는 것을 깨닫습니다. 그리고 그런 것들을 알아가는 것은 정말 놀라운 일입니다."[13]

나는 당신이 과학자들로부터 그들이 자신의 과학 연구에서 어떻게 하나님에 대한 경외를 발견하는지 이해할 수 있도록―과학자들이 과학 연구를 통해서 할 수 있는 것 또는 그것이 사람들을 도울 수 있는 실제적인 방법뿐만 아니라(이것들이 확실히 중요하지만 말이다)―이 모든 과학자가 그들의 과학 연구 자체에 관해 말하는 내용을 인용한다. 과학을 연구하는 행위 자체가 바로 그들이 하나님을 예배하는 방법의 하나다. 그리고 과학 연구를 통한 경외심의 체험은 그들이 그리스도인이 아닌 다른 과학자들과 공감대를 형성하는 방법의 하나다.

---

13   RC_08, 진화생물학과 기후변화, 연구원, 여성, 기독교 개혁교회, 2018년 3월 21일 인터뷰.

종교가 없는 과학자들의 경외심

나는 연구를 통해 특정한 종교가 없는 과학자들 **역시** 새로운 발견, 자연 세계의 아름다움, 그들이 조사하고 탐구하는 대상의 광대함과 복잡함에 대해 경외심과 경이를 경험한다는 것을 발견했다. 한 생물학자는 내게 이렇게 말했다. "나는 비그리스도인 동료들, 심지어 무신론자 동료들도 예배의 문턱에 있다는 느낌이 듭니다. 특히 훌륭한 과학자들은 항상 예배의 문턱에 있습니다."[14] 이 말은 그가 종교가 없는 자신의 동료들이 전통적으로 종교적 체험이 불러일으키는 감정이라고 생각되는 경외심, 존경심, 환희를 느낀다고 믿는다는 뜻이다.

내가 15년 넘도록 연구하면서 대화한, 종교인이 아닌 많은 과학자가 자신의 연구를 통해 아름다움, 경외심, 경이를 경험한다고 말했다. 종교가 없는 한 물리학자는 다음과 같이 말했다. "나는 입자 천체 물리학에서는 그럴 여지가 많다고 생각합니다.…우리는 수십억 년의 시간과 모든 공간에…걸치는 매우 광범위한 질문들을 다루는데, 그 모든 것의 거대함을 느끼기는…쉬운 일이기 때문입니다."[15] 비종교인인 한 생물학자도 비슷하게 말했다. "나는 실험할 때 내가 날마다 진리의 아름다움을 소중히 간직하고 있다는 생각이 듭니다. 예를 들어, 나는 몇몇 세포를 네온 형광…단백질이라고 불리는 색소로 염

---

14   RC_03, 생물학, 부교수, 남성, 복음주의 언약교회, 2018년 2월 19일 인터뷰.
15   RASIC_US61, 물리학, 대학원생, 여성, 2015년 4월 15일 인터뷰.

색합니다. 세포들을 어떤 색으로 염색하면 우리가 이 색상이…번지는 것을 보게 되는데, 그것은 마치 별들이 우주에서 반짝이는 것 같습니다.…나는 그것이 과학자의 특권이라고 생각합니다."[16]

많은 과학자가 아직 발견되지 않은 대상 및 관찰되지 않은 대상에 대해 느끼는 경이와 앞으로 발견해야 할 대상이 얼마나 많은지에 대해 느끼는 경외심에 대해 말했다. 그들은 또한 뭔가 새로운 것을 발견했을 때 느끼는 기쁨, 수수께끼를 풀고 세상에 대한 우리의 이해에 뭔가를 추가하는 데서 오는 흥분도 설명했다. 신봉하는 종교가 없는 어느 과학자는 다음과 같이 말했다. "나는 일련의 자연사 관찰이나 실험을 한 후에 무언가를 이해함으로써 큰 만족을 얻습니다. '오, 이제 그것이 어떻게 작용하는지 알겠어. 이것이 이렇게 일어난다는 것을 알아냈어. 내가 이 일을 해냈기 때문에 이 순간에는 세상에서 이것을 알고 있는 사람은 나뿐이야. 내가 연구했고, 질문했고, 그 질문에 답변했어.'…나는 이 부분을 정말 좋아합니다."[17] 비종교인인 또 다른 과학자는 이렇게 말했다. "우리가 사안들을 진정으로 이해하면, 그것은 또 다른 큰 즐거움입니다.…혼동을 일으키는 여러 요인이 있지만, 우리는 참으로 그것을 알아냅니다. 우리는 그것이 훌륭한 일이라는 것을 압니다. 그렇다면 이제 그것은 아름다움일까요, 경외심일까요?…나는 확실히 다른 사람들의 결과물에도 커다란 즐거움을 느낍니다. 퍼즐의 한 조각처럼 딱 들어맞는 어떤 새로운 통찰이 있을

---

16   RASIC_US67, 생물학, 대학원생, 여성, 2015년 4월 21일 인터뷰.
17   RASIC_US60, 생물학, 부교수, 여성, 2015년 4월 15일 인터뷰.

때, 어떤 새로운 우주 측정이 뭔가 새로운 것을 말해줄 때 그것은 아주 환상적입니다."[18]

종교를 신봉하지 않는 몇몇 과학자는 심지어 그들의 "과학적 경외감"을 영성과 연결했다. 자기가 어떤 종교 전통에도 속하지 않는다고 생각하는 어느 과학자가 내게 이렇게 말했다. "바닷가에 서서 끝없이 펼쳐진 바다 너머를 바라보거나 열대우림 가운데 서서 벌레들과 새들의 소리를 들으며 그것들의 엄청난 다양성과 불가해성을 생각할 때의 기분을 아시나요? 또는 존재하는 모든 사물의 나이와 그것이 앞으로 얼마나 오래 존속할 수 있을지를 생각할 때 갖게 되는 느낌을 아시나요? 사물 전체에 대한 경외감을 아시나요? 그것이 영성이라면 내게도 영성이 있습니다."[19] 순수한 과학적 발견을 통해 얻은 경외감은 우리가 기독교 공동체에서 때때로 과학에 대해 생각하는 방식에 대한 일종의 해독제다. 우리는 다른 사람들을 돕기 위한 의료 앱을 통해 과학을 어떻게 활용할 것인지에 초점을 맞추는 공리주의의 관점에서 과학을 생각하거나(그래도 무방하지만, 이것이 과학 전체를 보여주는 그림은 아니다), 과학의 주장들을 파악하여 그 주장들을 여과해서 과학의 주장이 신앙의 주장과 어떻게 다른지 비교하는 명제 진술의 관점에서 과학을 생각한다. 과학은 실제로 이런 것들이다. 하지만 우리는 또한 과학이 이보다 훨씬 더 많은 것을 의미함을 알고 있다. 우리는 과학도 하나의 경험, 즉 깊은 경외감의 체험임을 알 수

---

18   RASIC_US11, 물리학, 교수, 여성, 2015년 3월 25일 인터뷰.
19   Elaine Howard Ecklund and Elizabeth Long, "Scientists and Spirituality," *Sociology of Religion* 72, no. 3 (2011): 266.

있으며, 이를 바탕으로 그리스도인 과학자는 신앙인이 아닌 과학자들과 신앙인들을 이어주는 다리를 놓을 수 있다. 그리고 과학을 통해 하나님에 대한 깊은 경외심을 체험하는 일을 교회에 들여올 필요가 있다.

교회에 과학적 경외심을 들여오기

내 연구에서 나는 그리스도인들이 "자녀들에게 생물학자나 물리학자처럼 순수과학에 종사하는 직업보다 의사처럼 응용과학을 직업으로 삼도록 권할 가능성이 좀 더 크다"라는 사실을 발견했다.[20] 그리스도인들은 응용과학의 역할이 다른 사람들을 돕거나 고통을 줄이는 것 같은, 우리의 신앙이 강조하는 가치 및 목표와 좀 더 명확하게 연결되어 있다고 보는 경향이 있다. 내가 실시한 연구에서 복음주의자의 24퍼센트와 주류 개신교 신자의 27퍼센트가 "새로운 과학적 발견에 매우 관심이 있다"고 응답했다.[21] 그러나 같은 조사에서 "과학 연구는 즉각적인 가시적 유익을 제공하지 않을 때도 가치가 있다"라는 진술에 동의하느냐는 질문에 복음주의자의 12퍼센트와 주류 개신교 신자의 16퍼센트만 동의했다. 이 수치는 조사에 응한 모든 종교

20 Elaine Howard Ecklund and Christopher P. Scheitle, *Religion vs. Science: What Religious People Really Think* (New York: Oxford University Press, 2017), 22.

21 Ecklund and Scheitle, *Religion vs. Science*, 20.

집단 중 가장 낮은 비율이다.[22] 달리 말하자면, 그리스도인들은 단순히 과학적 발견을 목적으로 수행되는 과학 연구에 대해 다른 집단들이 보이는 것과 같은 수준의 지지를 보이지 않는다. 나는 그들이 이런 반응을 보이는 이유가 부분적으로는 순수 과학의 실행이 어떻게 경외심을 끌어내고, 신앙을 강화하며, 그리스도인들을 하나님께 좀 더 가까이 이끄는지 인식하지 못하기 때문이라고 생각한다.

바로 이 대목에서 우리가 이 장에서 들었던 그리스도인 과학자들과 신앙인이 아닌 과학자들의 증언들이 도움이 될 수 있다. 그리스도인 과학자들은 과학 분야에서 겪은 자신의 개인적인 경험을 공유함으로써 다른 그리스도인들이 "과학적 경외감"을 경험하도록 도와줄 수 있다. 그리고 그리스도인들은 종교가 없는 과학자들이 과학적 발견의 신성한 성격에 대한 인식을 표현하는 것을 들을 때 신앙과 비슷한 뭔가를 발견할지도 모른다. 그 결과 어느 연구에 따르면, 그리스도인들은 과학을 추구하도록 격려될 수 있다. 최근의 연구는 자연의 경외를 느끼는 사람들이 자신의 지식의 부족을 좀 더 잘 인식하고 있으며, 따라서 과학적 관심사를 탐구할 가능성이 좀 더 크다는 것을 발견했다.[23]

우리가 교회에서 어떻게 과학을 사용하여 하나님에 대한 경외심을 체험할 수 있는가? 교회 지도자들은 청소년들과 그들의 부모들

---

22 Ecklund and Scheitle, *Religion vs. Science*, 21.

23 Sandra Knispel, "Does Awe Lead to Greater Interest in Science?," University of Rochester Newscenter, March 6, 2019, https://www.rochester.edu/newscenter/does-awe-lead-to-greater-interest-in-science-366192.

이 과학이 그들의 신앙을 해치는 것이 아니라 실제로 신앙을 지지하고 풍성하게 해줄 잠재력을 갖춘 좋은 진로라고 보도록 돕는 데서 시작할 수 있다. 예를 들어 목사들은 설교 중에 과학자들이 과학을 통해 아름다움을 인식했던 경험에 관해 과학자들과 대화할 수 있다. 목사들은 우선 시편 저자가 하나님이 만드신 모든 것에 관해 경탄하는 시편 104편을 설교하고 나서, 과학자들과 대화할 수도 있다. 또는 교회 지도자들이 그리스도인 과학자들을 초대하여 자연 세계에 대한 그들의 탐구가 창조 세계에 대한 자신의 이해를 심화시켰는지에 대해 강연하게 할 수도 있다. 더 좋은 방법으로는, 신자들이 직접 과학의 아름다움을 체험하도록 돕는 행사—과학자들이 직접 실험을 진행하는 행사나 연구소·관측소·현장 방문—를 기획할 수 있다. 이런 방법들을 통해 신자들은 과학이 불러일으킬 수 있는 경외심을 직접 경험할 수 있다. 그리스도인 작가인 폴 트립(Paul Tripp)은 다음과 같이 말한다. "하나님은 놀라운 세상을 창조하셨다. 하나님은 당신을 놀라게 하시려고 이 세상을 의도적으로 놀라운 것들로 채워 놓으셨다. 하나님은 세심하게 냉난방이 된 아프리카의 흰개미 둔덕, 사과의 새콤함과 아삭아삭함, 천둥의 포효, 난초의 아름다움, 인체의 상호의존적인 시스템, 바닷물결의 끊임없는 고동, 창조세계의 다양한 모습과 소리, 촉감, 맛 등 이 모든 것을 놀랍도록 멋지게 설계하셨다. 그리고 그분은 당신이 매일 경탄하도록 의도하셨다."[24]

---

24   Paul David Tripp, *Awe: Why It Matters for Everything We Think, Say, and Do* (Wheaton: Crossway, 2015), 18.

1. 당신은 언제 경외심을 느꼈는가? 당신은 언제 교회 밖에서 경외심을 느꼈는가?

2. 과학에 대한 당신의 경험은 어떠한가? 당신은 자연이나 자연 세계 때문에 경외심을 느낀 적이 있는가?

3. 당신은 과학자들이 느끼는 경외심과 당신 자신의 경외심 사이에 유사한 점이 있다고 생각하는가?

4. 경외심이라는 단어가 어떻게 당신과 그리스도인 과학자들이 하는 일을 더 잘 이어주고 당신이 그것을 이해하도록 도울 수 있는가?

5. 경외심이라는 단어가 어떻게 당신과 비그리스도인 과학자들이 하는 일을 더 잘 이어주고 당신이 그것을 이해하도록 도울 수 있는가?

10장

샬롬

사회 과학 분야에서 연구자로 살아갈 때의 부담에는 연구 보조금 신청, 가르치기, 멘토링, 위원회 업무, 저술, 프로그램 관리 등이 포함되는데 여기에 육아, 교회 일, 현대적 삶의 범람하는 일상 업무가 더해지면 내가 가만히 있기가 어려워진다. 나는 다음과 같은 방법도 시도한다. 아침에 딸을 학교에 내려준 후, 내가 드리는 기도의 첫 부분은 히브리 성경(기독교의 구약성경)의 시편 46:10을 내 나름대로 번역하는 것이다. "너희는 가만히 있어 내가 하나님 됨을 알지어다." 나는 대학교 캠퍼스로 걸어가면서 마음속으로 "저를 평온하게 하시고 주님께서 하나님이시라는 것을 제가 알게 하소서"라는 말을 반복한다 [이 대목에서 "가만히 있다"와 "평온하다"로 번역된 영어 단어는 모두 "still"이다-역자 주].

나는 기도하면서 빠르게 걷는다. "저를 평온하게 하소서.…" 내가 업무 시간에 할 일과 집에 끝내지 못하고 남겨둔 일들에 관한 생각들이 곧바로 나를 공격한다. "저를 평온하게 하소서.…" 캠퍼스에 가까워질수록, 나는 내가 해야 할 일들의 목록을 나열하고 싶은 충동을 참으려고 노력한다. "저를 평온하게 하소서.…" 학교 앞 신호등이 초록색으로 바뀌기를 기다리는 동안, 나는 번갈아 가며 한 발로 서서, 발가락 관절 교체 수술 이후 물리 치료사가 매일 하라고 했던 균형 잡기 운동을 하려고 노력한다. 나는 쉽게 산만해진다. "저를 평온하게 하소서.…"

캠퍼스에 도착해서 화려한 건축물이 있는 아름다운 정문을 통과할 때면 내 발걸음은 건물 크기의 조형물이 설치된 곳으로 향한다. 이 조형물의 꼭대기에 하늘을 향해 정사각형 모양의 구멍이 뚫려 있다. 그 조형물이 기억나면 나는 거기 멈춰 서서 그 정사각형을 통해 하늘을 바라본다. (하늘과 구름은 종종 나를 하나님과 좀 더 가깝게 느껴지게 한다.) 나는 이곳에서 내 기도의 두 번째 부분으로 향한다. "제가 하나님께 온전히 사랑받는다는 것을 알게 하소서." 내가 이 기도를 드리는 이유는 내가 종종 업무상 좋은 인상을 주어야 할 사람들—동료, 학생, 자금 제공자, 검토자 등—이 너무 많다고 느끼며, 대학 과학계의 문화는 압력으로 가득 차 있고, 매우 경쟁적이며, 때로는 살벌하기 때문이다. 나는 종종 내 능력의 한계를 절실히 느낀다. "제가 하나님께 온전히 사랑받고 있다는 것과 제가 해야 할 일을 위해 필요한 모든 것을 지니고 창조되었다는 것을 알게 하소서."

나는 걷는 과정의 마지막 부분에서 계단을 올라간다. 한 걸음씩 올라갈 때마다 나는 내 기도의 세 번째 부분을 반복한다. "제가 오늘 주님께서 하시려고 하는 일에 동참하게 하소서." 아침 일찍, 해가 완전히 뜨기 전에 사무실에 도착하면 나는 그곳에 있다는 사실에 신이 난다. 나는 내 일에서 기쁨을 느끼고 있으며, 이 일이 좀 더 고상한 목적을 지니고 있다고 생각한다. 썩 좋지 않은 날이면 나는 서둘러 사무실에 가서 내 앞에 놓여 있는 일을 시작한다. 나는 종종 일을 좀 더 빨리 시작하기 위해 걷기를 건너뛰고 자동차로 출근할 것을 고려한다. 그러나 상황이 좀 더 나은 날들에는 내가 하나님이 이 세상에서 하시는 일에 참여하고 있음을 자신에게 상기시킨다.

나는 나 자신만을 위해 일하지 않으며, 내 임무는 나 자신을 넘어선다. 나는 나와 협력하는 학자들과 내 연구 결과를 읽는 사람들을 위해 일한다. 나는 내가 멘토링하고 가르치는 학생들을 위해 일한다. 나는 대학 밖에 있는 대중을 위해 일하며, 내 연구에 대한 설명을 듣고 세상과 자신에 대해 좀 더 잘 이해하는 데 도움을 받을 사람들을 위해 일한다. 나는 내 연구 자금을 대주는 사람들을 위해 일하는데, 그들에게는 그들 자신의 목표와 사명이 있다. 나는 평등과 정의 같은 미덕을 기반으로 하는 공동체의 관점에서 일한다. 나는 내 과학 연구를 사용하여 뭔가 의미 있는 일을 수행하고, 사회적 문제를 개선하고, 사람들이 번성하도록 도와야 할 책임을 느낀다.

그리스도인 과학자들과의 인터뷰를 통해 나는 그들 가운데 다수가 자신의 일과 목표에 대해 비슷하게 생각하는 것을 발견했다. 그들은 때때로 샬롬과 청지기 직분이라는 개념에 의존한다. **샬롬**(*shalom*)은 "완전함"과 "완벽함"을 의미하는 어근에서 나온 히브리어로서 모든 피조물이 번창함으로써 나오는 평화, 조화, 복지, 번영을 의미한다.[1] **샬롬**은 혼란스러운 세상에 관여하여 정의롭지 않은 구조들을 바꾸려고 노력하고, 그 구조들을 좀 더 정의롭게 만들려고 노력하는 것을 의미할 수 있다. 청지기 직분 또는 (특히 환경 보호의 형태로) 세상을 돌보는 것은 종종 과학의 미덕이라고 여겨지지만, 그것은 기독교의 뿌리 깊은 미덕이기도 하며 우리를 샬롬으로 좀 더 가깝게 이끄는 관행이다. 기독교의 청지기 직분은 우리는 하나님에 의해 창조되었고 따라서 하나님의 창조세계의 나머지를 돌보고 보살필 책임이 있다는 인간의 독특성 개념을 포함한다.

샬롬과 청지기 직분이라는 쌍둥이 미덕 및 그것들과 관련된 정의라는 미덕은 내가 사회학자로서 오랫동안 심사숙고한 미덕들이다. 이 미덕들은 내가 속해 있는 학문 분야에서 가장 잘 배양되는 것으로 보인다. 이 학문은 개인적으로뿐만 아니라 정부, 사회 복지, 교회 같은 사회 구조들 전체의 변화를 통해 그 구조들이 샬롬을 가져다주는 방향으로 좀 더 잘 운영되도록 하는 데도 깊은 관심을 기울인다. 신학자 월터 브루그만(Walter Brueggemann)은 『예언자적 상상력』(*The Prophetic Imagination*)에서 다음과 같이 말한다. "예수는 소외된 사람들과 연대하여 그들을 긍휼히 여긴다. 긍휼은 상처가 심각하게 받아들여져야 한다는 것과 상처가 정상적이고 자연스럽게 받아들여질 것이 아니라 인간 됨에 있어 비정상적이고 용납할 수 없는 상태라는 것을 선언하기 때문에, 긍휼은 급진적 형태의 비판을 구성한다.…그

---

1   Josie Lacey, "The Ideal of Peace in Judaism," Israel and Judaism Studies, 2006, https://www.ijs.org.au/the-ideal-of-peace-in-judaism.

러므로 예수의 긍휼은 개인적인 감정적 반응으로 이해될 것이 아니라, 예수가 사회 전체의 무감각함에 대한 그의 우려에 따라 행동하신 공개적인 비판으로 이해되어야 한다."[2]

그리스도인들이 최초로 청지기 직분에 초점을 맞춘 사람들이었던 것은 아니다. 기독교의 청지기 직분은 유대교의 **티쿤 올람**(*tikkun olam*)이라는 개념과 유사하다. 나는 다양한 유대교 전통에 속한 구성원들에게 과학에 대한 그들의 이해에 관해 질문했을 때 그들로부터 이 개념에 관해 들었다.[3] 내 연구 중 하나에서 어느 유대인 법학 교수는 "나는 지구를 돌보고, 지구를 존중하고, 낭비하지 않고, 풍부함에 감사하고, 가능한 한 지구를 잘 돌보기 위해 노력하는 것이 유대교 신앙에 근본적인 요소라고 생각합니다"라고 말했다. 그는 이어서 "우리는…정의 이슈를 신뢰하며, 세상을 치유한다는 의미인 **티쿤 올람**이라는 신앙을 갖고 있습니다"라고 말했다.[4] 문자적으로 번역하면 **티쿤 올람**은 "세상의 치료"를 의미하는데, 이 개념은 작은 교리로 시작해서 현대 유대인의 사회 정의와 정책 개혁의 원동력으로 발전했다. 유대교 신자들에게 있어 세상을 좀 더 나아지고 좀 더 조화로워지게 만들려고 노력하는 것은 그들의 종교의 교의이자 일상생활의 중요한 측면이다. 그들은 **샬롬**을 가져오기를 소망한다.

---

2   Walter Brueggemann, *The Prophetic Imagination*, 2nd ed. (Minneapolis: Fortress, 2001), 88. 『예언자적 상상력』, 복있는사람 역간.

3   "Tikkun Olam: Repairing the World," My Jewish Learning, 2018, https://www.myjewishlearning.com/article/tikkun-olam-repairing-the-world.

4   RUS_High SES Reform Jewish Synagogue Chicago Int18, 2013년 7월 17일 인터뷰.

내가 인도에서 종교가 있는 과학자들을 인터뷰했을 때 그들은 **청지기 직분, 샬롬, 티쿤 올람**이라는 용어를 사용하지는 않았지만, 비슷한 개념을 사용하여 그들의 과학 연구 배후의 원동력을 설명했다. 예를 들어 어떤 생물학자는 자신의 연구를 다른 사람들의 유익을 위해 사용해야 한다는 느낌이 강하게 든다고 말했다. 그는 "캠퍼스를 벗어나면… 옷을 걸치지 않은 많은 아이가 보일 것입니다. 그들을 보면 즉각적으로 '나는 방금 [과학 기술 실험에] 백만 달러를 썼는데…그 결과가 미래에 누군가에게 도움이 되면 좋겠다'라는 생각이 듭니다"라고 말했다.[5]

종교가 있는 많은 인도 과학자에게 있어 "좋은 과학자"가 된다는 것은 고통이나 가난을 덜어주는 연구를 수행하는 것을 의미한다. 내 인터뷰에서 이 주제가 자주 등장했다. 어떤 물리학 교수는 다음과 같이 말했다. "우리 [과학] 연구소는 사원입니다. 그래서 우리는 이곳 우리 연구소에서 신이 우리에게 복을 주시도록 항상 기도합니다. 우리가 물리적으로 기도하지는 않지만, 이곳에서 일하는 것은 신께 기도하는 것과 마찬가지입니다. 그래서 우리는 항상…우리 사회에 도움이 될 수 있는 새로운 것을 찾기 위해 노력합니다."[6]

내 연구는 과학 분야에서 일하는 많은 그리스도인 역시 자신의 과학 연구를 좀 더 정의롭고 평화로운 세상을 만드는 데 도움이 되는 수단으로 보고 있으며, 그들의 신앙의 미덕들과 원칙들이 그들이 세

---

5   RASIC_IND36, 생물학, 조교수, 남성, 2014년 5월 23일 인터뷰.
6   RASIC_IND53, 물리학, 시니어 교수, 남성, 2014년 5월 26일 인터뷰.

상에서 과학을 사용하는 방식에 영향을 주게 한다는 것도 발견했다.[7] 어느 그리스도인 생물학자는 이렇게 말했다. "그리스도인 과학자들은 정의를 실현하는 사람이 되려는 의욕이 강합니다. 그것은 때때로 우리가 마치 사이렌 같다는 느낌이 들게 하는데, 어쩌면 다른 분야에서보다 좀 더 그럴 수도 있습니다. 그리고 그것은 우리가 이 세상에서 중요한 직업을 갖고 있다는 느낌이 들게 할 수도 있습니다"[8]

"그분은 과학을 연구하라고 나를 만드셨다"

나는 1981년에 나온 영국 영화 "불의 전차"(Chariots of Fire)를 매우 좋아한다. 특히 그 영화를 본 많은 사람이 기억하는 대사가 하나 있다. 에릭 리델의 여동생은 리델이 경쟁적인 달리기에 전념하느라 하나님 앞에서 선교사로서 책임을 소홀히 했다고 그를 질책한다. 리델은 누이에게 다음과 같이 대답한다. "나는 하나님이 어떤 목적을 위해 나를 만드셨다고 믿는다. 하지만 그분은 또한 나를 빨리 달리도록 만드셨고, 나는 달릴 때 그분의 기쁨을 느낀다."[9] 내가 몇 년 동안 조사

---

7   RC_08, 진화생물학과 기후변화, 연구원, 여성, 기독교 개혁교회, 2018년 3월 21일 인터뷰.

8   RC_08, 진화생물학과 기후변화, 연구원, 여성, 기독교 개혁교회, 2018년 3월 21일 인터뷰.

9   Tommy Grimm, "When I Run, I Feel God's Pleasure," *The Connection* (blog), August 10, 2012, https://sites.duke.edu/theconnection/2012/08/10/exercising-for-joy를 보라. *Chariots of Fire*, directed by Hugh Hudson, written by Colin Welland (London: Goldcrest Films, 1981), DVD도 보라.

하고 인터뷰한 많은 그리스도인 과학자가 과학 연구를 소명이자 그들이 하나님의 기쁨을 느끼고, 그들을 향한 하나님의 목적을 실현하는 수단으로 본다. 흔히 하나님의 청지기로서 그들의 책임을 이행하는 것이 이 목적으로 여겨진다. 많은 사람은 또한 기독교 신앙의 렌즈를 통해 자신의 과학 연구를 봄으로써 자신의 연구를 통해 **샬롬**을 향해 나아가도록 도움을 얻는다고 믿는다.

나는 자신이 사회를 유익하게 하고, 동료들과 긍정적인 관계를 형성하고, 과학 공동체와 사회 일반에 인내와 친절과 겸손 같은 덕목들을 강화하리라고 믿기 때문에 특정한 연구 분야나 프로젝트를 선택한 그리스도인 과학자들을 만났다. 나는 특별히 빈곤이나 고통 완화에 도움이 될 연구를 선택하거나, 핵 확산이나 환경 파괴에 자신의 연구를 사용할 수도 있는 기관으로부터 연구 기금을 받지 않기로 선택한 그리스도인 과학자들과 대화했다. 자신의 신앙과 목적의식을 통해 과학 분야의 요구들과 경쟁에 대처하고, 개인적 또는 가정적 어려움에도 불구하고 계속 전진해 나가며, 평범한 일에 의미를 부여하고, 학생들에게도 같은 목적의식을 심어주는 데 도움을 받는 그리스도인 과학자들도 있다. 몇몇 과학자는 과학에 종사하라는 신적 소명을 받았다고 말한다.

우리가 앞서 살펴본 그리스도인 진화생물학자 제이미는 이렇게 말했다. "나는 직업은 우리의 삶을 향한 하나님의 부르심이라고 생각하기에 과학 분야의 다양한 직업이 소명이라고 봅니다. 그리스도인으로서 우리의 학문적 표준은 언제나 우리가 학생들을 가르쳐 그들이 뛰어난 과학자가 되게 할 뿐만 아니라 그들 자신의 소명을 발견하도록 도움을 주는 것과 연결되어 있습니다."[10]

아동의 몸 안에 있는 질병과 싸우는 시스템을 공격하는 매우 드문 질병을 연구하고 있는 한 그리스도인 면역학 연구자는 다음과 같이 말한다. "나는 규칙적으로 기도합니다. 나는 내 연구 결과가 사람들에게 의미 있고 도움이 되기를 기도합니다. 나는 항상 내 연구에서 하나님의 최선을 요청합니다. 하지만…내가 자신의 학문적 성취와 결과에만 초점을 맞춘다면 그런 결과가 나타나지 **않을** 수도 있습니다." 그는 과학을 자신이 더 숭고한 목적을 위해 살 수 있게 해주는 일종의 선교지로 이해할 수 있도록 기도한다고 말했다. "나는 과학을…고통이 존재하는 인간의 상황, 자신이 선택하지 않은 면역 결핍으로 인해 병원을 드나드는 아이들이 존재하는 상황에 개입할 수 있는 놀라운 **수단**으로 봅니다. 우리는 과학과 생물학에 대해 좀 더 많이 이해하고 배우며, 생물학의 근원을 탐구하고자 합니다. 우리는 생물학이나 생체 이식 방식을 수정해서 아이들이 의미 있고 건강한 삶을 살도록 도와주고 싶습니다. 나는 그것을 소명과 사명으로 봅니다."[11]

어느 복음주의 그리스도인 생물학자는 자신은 자기의 일을 "참으로 통합된 소명"으로 본다고 말했다. 그가 "하나님은 이 일을 위하여 나를 만드셨습니다. 온전한 그리스도인이 된다는 것은 나를 만드신 그분의 목적을 온전히 이루는 것인데, 그분은 과학을 연구하라고

---

10   RC_02, 진화생물학, 부교수, 여성, 그리스도인, 2018년 2월 14일 인터뷰.

11   RC_06, 면역 및 류머티즘학, 부교수, 남성, 복음주의 그리스도인, 2018년 3월 8일 인터뷰.

나를 만드셨습니다"라고 한 말은 영화 "불의 전차"에 나오는 대사를 반향한다.[12]

환경을 돌보기

내가 수행한 한 조사에서 복음주의자들의 28퍼센트와 주류 개신교 신자의 31퍼센트가 환경을 돌보는 데 "매우 관심이 있다"라고 응답했다.[13] 그러나 기후나 환경을 연구하는 과학자들은 자기들이 때때로 그리스도인의 청지기 직무, 세상에 하나님의 샬롬을 가져오는 일로서의 환경을 돌보는 일을 논의하기를 주저하는 그리스도인들을 만난다고 말했다. 몇몇 그리스도인은 환경을 돌보는 것을 지나치게 강조하다 보면 인간을 돌보는 일을 소홀히 하리라고 우려하면서 환경 보호 노력에 극렬히 반대한다. 나는 내 연구를 수행하면서 이런 태도를 직접 경험했다. 예를 들어 어떤 교회의 청년 담당 사역자는 자신의 견해를 다음과 같이 설명했다. "우리에게 기회가 있다면 우리는 우리에게 주어진 이 행성을 돌보도록 도와야 합니다. 그러나 나는 인간 생명의 가치가 고래나 원숭이 종류들의 가치보다 크다고 생각

---

12 RC_03, 생물학, 부교수, 남성, 복음주의 언약교회, 2018년 2월 19일 인터뷰.

13 Elaine Howard Ecklund and Christopher P. Scheitle, *Religion vs. Science: What Religious People Really Think* (New York: Oxford University Press, 2017), 95. 이 수치는 크다고 보이지만, 모든 응답자의 13.4퍼센트는 "전혀 관심이 없다"라고 응답했다. "전혀 관심이 없는" 사람의 수는 "매우 관심이 있는" 사람의 수보다 약간 적으며, 그 차이가 통계적으로는 의미가 없다.

합니다."[14]

그러나 많은 그리스도인 과학자는 환경 보호나 기후변화에 관한 연구가 사람들을 돌보는 것과 연결되며, 우리가 이 땅의 청지기로서 책임을 이행하는 방법의 하나라고 본다. 이런 그리스도인들에게 있어 환경을 치유하고 돌보며 기후변화 문제를 해결하는 것은 하나님과 하나님의 모든 창조세계에 대한 감사와 존중과 존경을 보여주는 한 가지 방법이다. 청지기 직분과 기후변화에 대처하는 것 사이에 밀접한 관계가 있다고 역설하는 과학자이자 복음주의 그리스도인인 캐서린 헤이호(Katharine Hayhoe)는 "그리스도인들에게 있어 기후변화에 관해 무언가를 하는 것은 우리의 믿음을 삶으로 구현하는 것이다. 그것은 우리의 도움이 필요한 사람들, 즉 국내 또는 지구 반대편에 있는 우리의 이웃들을 보살피는 일이며, 하나님이 창조하셔서 우리에게 맡기신 이 행성에 대해 책임을 지는 일이다"라고 말한다.[15]

40개 교단에 속한 45,000개가 넘는 지역 교회를 대표하는 미국 복음주의 협회는 환경을 돌보는 그들의 동기를 다음과 같이 설명했다. "특정한 이타적 목적을 위해 과학적 전문지식을 제공하고, 아픈 사람들을 위해 훌륭한 의료 행위를 제공하며, 배고픈 사람들을 위해 건강에 좋은 먹거리를 생산하고, 환경 보존에 도움을 제공하고, 천연

---

14   RUS_Mid-High/High SES Evangelical Church Houston Int4, 2011년 6월 22일 인터뷰.

15   Ann Neumann, "Katharine Hayhoe: God's Creation Is Running a Fever," *Guernica*, December 15, 2014, https://www.guernicamag.com/gods-creation-is-running-a-fever.

자원에 대한 청지기 직분을 위해 노력한다. 이 모든 일은 전 세계에 일반 은총을 베푸는 고귀한 소명이다."[16]

복음주의자인 어느 생물학 교수는 이렇게 말했다. "우리는 지금 환경을 돌보는 청지기 직분의 성경적 근거에 관해 이야기하고 있습니다.…이것은 우리가 우리 주변 세상을 돌봐야 할 책임을 의미합니다." 그는 이어서 다음과 같이 말했다. "나는 몇 년 전에 어떤 신학자가 [우리] 호수의 오염이 신성모독이라고 말한 것을 기억합니다. 달리 말하자면…하나님이 만물을 만드셨는데, 우리가 한 짓은 아름다운 그림에 페인트나 다른 오물을 뿌린 것과 마찬가지입니다."[17] 나는 이 말을 듣고 예레미야 2:7에 기록된 말씀이 생각났다.

> 내가 너희를 기름진 땅에 인도하여
>> 그것의 열매와 그것의 아름다운 것을 먹게 하였거늘
> 너희가 이리로 들어와서는 내 땅을 더럽히고
>> 내 기업을 역겨운 것으로 만들었다.

내가 인터뷰한 그리스도인 물리학자는 내게 다음과 같이 말했다.

나는 언제나 인간이 하나님의 창조세계의 청지기가 되라는 특정한 목

---

16   Dorothy F. Chappell, "Worshipping God through Discovery and Science," in *When God and Science Meet: Surprising Discoveries of Agreement* (Washington, DC: National Association of Evangelicals, 2015), 38.

17   RUS_High SES Evangelical Church Chicago Int8, 2012년 6월 22일 인터뷰.

적을 갖고 하나님의 형상대로 창조되었으며, 그 점에 비추어 볼 때 우리는 세상이 선하고 아름답고 이해될 수 있고 우리에게 받아들여질 만하다는 것을 이해한다는 토대에서 출발합니다. 그리고 우리는 우리의 능력이 닿는 한 세상을 잘 이해하려고 노력해야 하며, 세상을 이해하려고 노력할 뿐만 아니라 보존하고 보호하기 위해서도 노력해야 합니다. 나는 이것이 우리가 해야 할 일이라고 생각합니다. 따라서 그것은 내가 환경 정책을 바라보는 방식에 영향을 줄 것입니다.[18]

나와 이야기를 나눈 한 그리스도인 의사는 다음과 같이 말했다. "전 세계적으로 가난한 사람들은 흔히 환경 오염의 희생자가 됩니다. 그리고 성경의 가장 중요한 가르침 하나는 하나님이 가난한 사람들에게 가장 큰 관심을 기울이신다는 것입니다.…따라서 환경 오염이 가난한 사람들에게 피해를 주고 그들의 상황을 악화시키는 만큼 그것은 그리스도인들이 반드시 관여해야 할 중대한 문제입니다."[19]

내가 연구를 수행하기 위해 만난 어느 목사는 자신이 "과학은 인간이 그것을 사용하여 서로 돕고 삶의 질을 향상하도록 하나님이 주신 도구"라고 본다고 말했다. 그는 자기 교회 신자들이 재활용, 천연 제품 구입, 신앙과 창조세계 사이의 관계를 탐구하는 행사 개최 등을 통해 환경을 돌보고 있다며 다음과 같이 말했다. "창세기에서…하나님이 인류에게 에덴동산을 주셨습니다.…몇몇 신학자는 에

18   RASIC_UK64, 물리학, 대학원생, 남성, 2015년 4월 17일 인터뷰.
19   RUS_High SES Evangelical Church Houston Int13, 2012년 8월 31일 인터뷰.

덴동산이 지구 전체를 대표한다고 생각합니다. 하나님이 인류에게 돌보라고 지구를 주셨습니다.…우리는 지구를 돌봐야 합니다. 돌봐야 할 대상에 무엇이 포함될까요? 동물이 포함되고 공기가 포함됩니다.…나는 이렇게 말하고 싶습니다. 우리는 어떻게 좋은 청지기가 될 수 있는지에 관해 성경으로부터 많은 영감을 받습니다. 우리는 좋은 청지기가 되고 싶습니다."[20]

다른 교회들도 이 교회의 사례를 따라야 하며, 설교뿐만 아니라 실천을 통해서도 신자들에게 환경 돌보기를 가르쳐야 한다. 환경을 돌보는 것은 교회에서 흔히 다루는 주제가 아닌데, 이것이 일부 그리스도인이 환경 문제나 기후변화에 관해 마음 편하게 논의하지 못하는 이유 중 하나일 수 있다. 지역 사회를 청소하거나 교회나 지역 사회에서 쓰레기를 줄이는 일 같은 작은 행동들조차도 그리스도인들이 환경 보호를 사람을 돌보는 방법의 하나로 인식하는 데 도움이 될 수 있다.

다양성을 통한 온전함

내가 인터뷰한 몇몇 그리스도인 과학자들은 과학 분야의 대표성과 평등을 증진하는 것이 자신의 목표 중 하나이며, 과학자로서 자신이 하는 일을 통해 샬롬으로 들어가는 방법의 하나라고 명시적으로 말

---

20   RUS_High SES Mainline Church Houston Int1, 2011년 7월 14일 인터뷰.

했다. 이런 과학자들 가운데 몇몇은 과학 분야에서 대표성이 낮은 사람들에게 좀 더 많은 기회가 돌아가게 하려는 그들의 노력을 특별히 자신의 신앙과 연결한다. 과학 분야의 다양성을 연구하고 이러한 다양성을 증진하는 것은 그리스도인 사회학자로서 내가 특히 열정을 쏟는 분야다. 내가 연구를 위해 인터뷰한 사람 중 몇 명은 그렇게 생각한다. 예를 들어 진화생물학자인 제이미는 자신이 과학 분야에서 다양성을 대변하고 증진하기 위한 협회 내 위원회에 소속되어 있는 것에 관해, 그리고 과학 분야 안의 다양성을 위해 싸우는 것이 어떻게 신앙의 중요한 부분이 될 수 있는지에 관해 다음과 같이 말했다. "나는 그 위원회의 다른 위원들 역시 모종의 신앙이 있는 사람인 경향이 있음을 발견했습니다. 그 점에 관해 많이 말하든 그렇지 않든, 그들은…과학 분야에서 기회를 얻을 수 없는 사람들이 기회를 더 얻을 수 있도록 열심히 노력하는 것이 자신의 신앙을 삶으로 구현하는 방법의 하나라고 봅니다.[21]

미국의 과학계에서 비백인, 특히 아프리카계와 라틴계 미국인들이 과학 분야에서 일하는 비율은 매우 낮다. 예를 들어 미국 인구의 12-14퍼센트를 차지하는 흑인들은 과학, 의학, 기술 분야에서 직업을 갖고 있는 사람들의 1퍼센트를 조금 넘는다. 모든 민족과 인종 집단의 여성들 역시 기초 과학과 일부 의학 분야의 진출 비율이 낮다. 여성이 전체 미국 인구의 50퍼센트를 넘지만, 많은 과학 분야에서 여성의 비율은 10퍼센트 미만이다. 그러나 아프리카계, 라틴계,

---

21   RC_02, 진화생물학, 부교수, 여성, 그리스도인, 2018년 2월 14일 인터뷰.

백인 여성들 모두 교회에서 매우 큰 비중을 차지한다. 흑인 미국인 들의 거의 80퍼센트는 자신을 독실한 그리스도인으로 보며, 라틴계 의 거의 77퍼센트는 자신을 가톨릭 신자, 개신교 신자, 복음주의 그 리스도인으로 본다.[22] 과학 분야에서 아프리카계나 라틴계 미국인 들이 적은 이유 한 가지는 그들이 자원이 부족하여 과학 교육을 빈약 하게 제공하는 학교에 다닐 가능성이 높기 때문이다. 이와 관련된 문 제 중 하나는 백인이 아닌 그리스도인들은 자기의 신앙과 같은 신앙 을 지닌 과학자들에 관한 이야기를 자주 듣거나 외모가 자기와 비슷 한 과학자들을 자주 보지 못한다는 것이다. 내가 만난 어느 그리스도 인 유전학자는 엘리트 대학교에서 일하는데, 그녀는 자신의 분야에 서 극소수 흑인 여성 중 한 명이었으며 유전학 프로그램의 책임자가 된 최초의 여성이자 최초의 아프리카계 미국인이었다. 그녀는 자기 가 학생으로 보낸 5년 동안 그녀가 속한 학과에서 매주 진행하는 세 미나에서 강의한 흑인 강사는 한 명뿐이었다고 말했다.[23] 한 흑인 목 사는 많은 아프리카계 미국인들에게 과학은 "침입 금지 구역"이라고 말했다.[24] 한 라틴계 목사는 내게 "나는 [과학 분야에] 자신의 피부 색과 같은 피부색을 지닌 사람이 있다면 큰 도움이 된다고 생각합니 다.…자기와 같은 부류에 속한 사람을 보는 것은 큰 격려가 되기 때

---

22 David Masci, Besheer Mohamed, and Gregory A. Smith, "Black Americans Are More Likely Than Overall Public to Be Christian, Protestant," Pew Research Center, April 23, 2018, https://www.pewresearch.org/fac t-tank/2018/04/23/black-amercians-are-more-likely-than-overall-public-to-be-christian-protestant.

23 RC_04, 유전학, 교수, 여성, 그리스도인, 2018년 3월 4일 인터뷰.

24 RISE_AfAm41, 아프리카계 미국인, 목사, 남성.

문입니다"라고 말했다.[25]

대표성은 중요한 문제이며 과학 분야에 종사하는 여성, 유색 인종, 그리스도인이 적다는 것은 교회가 관심을 가져야 할 문제다. 그리스도인들이 자신은 과학 분야에 종사하는 것이 적합하지 않다고 생각한다면 그들이 과학 분야의 직업을 선택할 가능성은 매우 낮아질 것이다. 그리고 과학 분야에서 일하는 그리스도인들이 적어질수록 과학이 우리의 신앙과 양립할 수 있음을 보여주기가 더 어려워진다.

우리 사회에서 가장 소외된 사람들은 흔히 타인을 소외시키는 사회 구조에 맞서 싸우게 된다. 과학을 청지기 직분을 위한 통로를 제공하는 소명으로 이해하게 하는 것이 그리스도인들에게 과학 분야에 진출하도록 격려하는 가장 좋은 방법일지도 모른다. 과학은 그리스도인들에게 하나님의 창조세계를 고치고, 치유하고, 보호하는 방향으로 일하는 다양한 기회를 제공할 수 있다. 과학에 종사하는 직업은 환경을 돌보는 데뿐만 아니라 정의, 평등, 인간의 번영을 도모하여 사람들을 돌보는 데도 사용될 수 있다. 그리스도인들은 과학 분야의 직업을 통해 어떻게 샬롬에 이바지할 수 있는지 이해해야 한다. 교회 지도자들은 과학자들을 초청해서 그들이 과학 연구를 통해 어떻게 세상을 긍정적으로 변화시키는지에 관해 신도들에게 이야기하게 함으로써 도움을 줄 수 있다. 한 과학자는 다음과 같이 말했다. "우리는 약 4년마다 과학과 기독교 신앙에 관한 하루짜리 세미나를 엽니다.···우리는 몇몇 과학자를 불러 자연 세계가 얼마나 놀

---

25   RISE_Lat23, 라틴계, 목사, 남성.

라운지에 관해 이야기하게 해서 학생들이 발견의 즐거움에 잠기도록 노력합니다." 그는 이어서 이렇게 말했다. "우리는 [매주] 예배 시간에…[교회 안에 있는 사람들이 자신의 과학 연구에 관해 이야기할] 기회를 제공하는 등 이 일을 훨씬 더 잘할 필요가 있습니다.…나는 우리가 청소년 교육 분야에서 좀 더 잘할 수 있다고 생각합니다. 현재 우리는 과학 분야에서 하는 일이 많지 않습니다. 나는 학생들을 그리스도의 신실한 제자인 과학자들과 어울리게 하고, 학생들이 과학자들로부터 자문을 얻도록 하는 것이 참으로 좋은 방법일 수 있다고 생각합니다."[26]

교회들은 또한 과학계 종사자가 적은 유색 인종에 속한 학생들이 과학 자원을 이용할 수 있도록 돕고, 오랫동안 무시된 과학과 신앙에 관한 대화에 그들의 목소리가 포함되게 할 필요가 있다. 복음주의자인 어느 생물학자는 다음과 같이 말했다. "특히 신앙과 과학에 관한 대화는 주로 백인들이 주도합니다. 우리는 미국의 교회 **전체**가 신앙과 과학이라는 문제에 적극적으로 관여하게 할 필요가 있습니다. 신앙과 과학의 문제를 다룰 때 흑인 교회와 라틴계 교회와 아시아 교회도 참여해야 합니다. 그들의 경험은 백인의 경험과 다르므로, 그들은 백인들의 질문과는 다른 질문을 할 수 있습니다. 따라서 우리는 적어도 그들에게 물어봐야 합니다. 그리고 나는 그렇게 하는 데 대한 저항이 있을 수 있다는 것이 정말 놀랍다고 생각합니다."[27]

---

26 생물학, 교수 겸 학과장, 남성, 기독교 개혁교회, 2018년 3월 22일 인터뷰.
27 RC_03, 생물학, 부교수, 남성, 복음주의 개혁교회, 2018년 2월 19일 인터뷰.

복음주의자인 이 생물학자는 또한 자신이 청지기 직분과 샬롬의 기초가 되는 미덕들에 초점을 맞춘 것이 자기가 신앙인이 아닌 동료들과 연결되고 그들의 존경과 지지를 얻는 데 도움이 되었다고 말했다. 그들은 그들이 하는 일이 성취되기를 바라는 공통의 기반 위에서 있다. 그는 "그들은 내가 참으로 공동선에 봉사하며, 다리를 놓고, 평화를 위해 일하고 있음을 알 수 있습니다. **그것은** 그들에게 매우 중요합니다. 비록 그들이 세부적인 사항들에 다 동의하지는 않더라도 말입니다."[28]

추가 토론

1. **샬롬**과 **청지기 직분**은 당신에게 어떤 의미가 있는가? 당신은 당신이 속한 공동체나 당신이 하는 일을 통해 이런 개념들을 어떻게 실천할 수 있는가?
2. 당신은 어느 분야에서 이 세상에 평등이나 정의가 실현되기를 가장 열망하는가?
3. 당신이 열정을 지닌 분야에서 과학이 어떻게 평등이나 정의를 실현하는 도구로 사용될 수 있는가?
4. 당신의 교회는 신도들이 세상에서 샬롬을 배양하도록 어떻게 도울 수 있는가?

---

28 RC_03, 생물학, 부교수, 남성, 복음주의 개혁교회, 2018년 2월 19일 인터뷰.

5. 당신의 교회와 개인으로서 당신은 인류의 번영에 좀 더 잘 이바지하는, 다른 구조와 문화를 창조하는 데 어떻게 참여할 수 있는가?

11장

감사

나는 "내 인생을 변화시키겠다고 약속하는 세 단계 기술" 같은 것들을 항상 의심스럽게 생각하기 때문에 어느 날 담임목사가 예배가 시작되었을 때 잠시 멈추고서 신도들에게 지난 주간에 있었던 일 가운데 감사한 일 세 가지를 적으라고 했을 때 그것이 좀 진부하다고 생각했다. 하지만 차츰 나의 냉소적인 생각은 줄어들었고 내 삶에서 이 습관이 형성되었다. 사실 그것은 매우 의미 있는 일이 되어서 나는 이제 하나님께 감사드릴 일을 몇 가지 적지 않고서는 하루를 시작하기 어렵다.

나는 내 가족과 내 일과 그 일이 내 삶에 가져다주는 의미에 감사한다. 나는 내가 속한 신앙 공동체와 내 삶에 더 깊은 의미와 목적의식을 심어준 내 신앙 지식 및 경험에 감사한다. 내 생명을 연장해주고 삶의 질을 높여준 과학과 의학에도 감사한다. 나는 특히 메토트렉세이트라는 약을 개발한 인도 출신의 생화학자 옐라프라가다

수바로(Yellapragada Subbarow)에게 감사한다. 이 약은 원래 암 치료제로 개발되었지만, 그것은 내가 최초로 진단을 받은 지 약 10년 뒤인 20대 초반에 내 병이 급격히 진행되었을 때 내 건강 상태에 커다란 혁명을 일으켰다. 병의 진행은 내게 엄청난 타격을 주었다. 나는 팔에 통증이 너무 심해 팔을 들어 올려 머리를 빗을 수도 없었다. 나는 무력했고, 내 미래가 어떤 모습일지 확신하지 못했다. 수바로는 힌두교의 한 종파 신자였지만, 나는 뭄바이에 있는 어느 항생제 제조 시설 입구 근처에 그를 기려 설치한 현판에 새겨진 "과학은 수명을 연장하고 종교는 삶을 깊이 있게 만든다"라는 그의 신념에 공감할 수 있다.[1] 나는 하나님이 메토트렉세이트를 처방한 류마티스 의사와 수바로를 내 인생에 허락하신 데 감사한다. 나는 또한 고통을 줄이고, 치유를 가져오며, 전반적으로 다른 사람들의 삶을 개선한 과학과 의학의 발전에 감사한다. 나의 조사에 응답한 그리스도인들 가운데 85퍼센트가 과학과 의학이 세상에 선을 가져온다고 생각했는데, 나는 이들의 의견에 동의한다.[2]

---

1   Kirtan Nautiyal, "We Are Scientists," LongReads, June 4, 2018, https://longreads.com/2018/06/04/we-are-scientists.
2   Elaine Howard Ecklund and Christopher P. Scheitle, *Religion vs. Science: What Religious People Really Think* (New York: Oxford University Press, 2017), 23.

모든 미덕의 근원

이런 선물들은 감사로 이어진다. 시편 저자는 다음과 같이 말한다.

> 여호와는 위대하시니 크게 찬양할 것이라.
> 그의 위대하심을 측량하지 못하리로다(145:3).

감사는 기독교 신앙의 핵심 교의 가운데 하나다. 감사를 표현하는 것은 하나님과 다른 사람들을 통해 우리에게 주어진 선물에 대한 감사를 보여주는 한 가지 방법이다. 감사는 우리의 삶에 존재하는 좋은 것을 기억하고 인정하는 방법이기도 하다. 캘리포니아 대학교 데이비스 캠퍼스의 심리학자이자 바이올라 대학교 기독교 사상 센터의 기고자인 로버트 에먼스(Robert Emmons)는 "감사는 인생에 대한 가장 진실한 접근법"이라고 말한다. "우리는 우리 자신을 창조하거나 만들지 않았고, 스스로 태어나지도 않았다. 인생은 주기, 받기, 갚기에 관한 것이다. 우리는 다른 사람들의 도움, 선물, 친절에 의존하는 수용적인 존재다."[3] 감사는 성경 전체에 등장하는 공통 주제다. 이스라

---

3   Emma Green, "Gratitude without God," The Atlantic, November 26, 2014, https://www.theatlantic.com/health/archive/2014/11/the-phenomenology-of-gratitude/383174; Robert Emmons, "The Psychology of Gratitude: Robert Emmons on How Saying Thanks Makes You Happier," November 19, 2018, in The Table Podcast, produced by Biola University Center for Christian Thought, MP3 audio, 28:05, https://cct.biola.edu/psychology-gratitude-robert-emmons-saying-thanks-makes-happier도 보라.

엘의 두 번째 왕이자 골리앗을 죽인 다윗 왕은 역대상 29:12-14에서 다음과 같이 기도한다. "부와 귀가 주께로 말미암고…우리가 주께 감사하오며 주의 영화로운 이름을 찬양하나이다.…모든 것이 주께로 말미암았사오니 우리가 주의 손에서 받은 것으로 주께 드렸을 뿐이니이다."[4] 시편 136:1은 다음과 같이 말한다.

여호와께 감사하라. 그는 선하시며 그 인자하심이 영원함이로다.

로마의 철학자 키케로(Cicero)는 감사를 "가장 위대한 미덕일 뿐만 아니라 다른 모든 미덕의 근원"이라고 묘사했다.[5] 깊은 감사는 내게 일반 은총 개념, 즉 선한 것들은 특별히 기독교적인 환경에서 생겨난 것이든 아니든 간에 모두 하나님에게서 나온다는 아이디어를 떠올리게 한다.

과학은 또한 감사가 우리에게 유익하다는 것을 보여준다. 감사가 신체적·정신적으로 상당히 이롭다는 것을 보여주는 과학 연구 결과가 다수 존재한다. 감사는 우리의 심장을 좀 더 건강하게 하고, 우리의 정신을 좀 더 강하게 만들고, 우리의 행복감을 높여준다. 예를 들어, 심부전증 환자를 대상으로 한 연구에서 감사하는 정도가 높을수록 잠을 더 잘 자고, 피로를 덜 느끼며, 염증의 정도가 더 낮아진다

---

4 John S. Knox, "King David," *Ancient History Encyclopedia*, October 18, 2017, https://www.ancient.eu/King_David.

5 Robert A. Emmons and Michael E. McCullough, *The Psychology of Gratitude* (Oxford: Oxford University Press, 2004), 123에 인용됨.

는 것이 발견되었다.[6] 감사를 표현하는 것에 이런 효과가 나타나는 이유는 감사의 표현이 신경계에서 진정 기능을 담당하는 부분을 활성화하기 때문이다. 진정 기능이 활성화되면 코르티솔(스트레스) 수치가 낮아지고, 심지어 우리를 기분 좋게 만드는 화학 물질인 옥시토신(아기들이 엄마에게서 분비되게 하는, 유대감을 형성하는 호르몬)이 증가할 수도 있다.[7] 감사는 더 많은 소유를 축적하고자 하는 욕구를 줄여주고, 직장에서 탈진할 가능성을 줄여줄 수도 있다.[8] 대학생들을 대상으로 한 연구에서 다른 사람에게 감사하고, 하나님께 감사하고, 받은 복을 소중히 여기고, 고난을 감사하고, 순간을 소중히 여기는 형태로 감사를 실천한 사람들은 삶의 만족도가 더 높고, 긍정적인 감정을 더 자주 느끼는 것으로 나타났다.[9] 더 많이 감사하는 사람들이 우울한

---

6   Paul J. Mills, Laura Redwine, Kathleen Wilson, Meredith A. Pung, et al., "The Role of Gratitude in Spiritual Well-being in Asymptomatic Heart Failure Patients," *Spiritual Clinical Practices* 2, no. 1 (2015): 5–17.

7   Lauren Dunn, "Be Thankful: Science Says Gratitude Is Good for Your Health," Today.com, November 26, 2015, 최종 업데이트 May 12, 2017, https://www.today.com/health/be-thankful-science-says-gratitude-good-your-health-t58256; see also Sung-hyon Kyeong, Joohan Kim, Dae Jin Kim, Hesun Erin Kim, and Jae-Jin Kim, "Effects of Gratitude Meditation on Neural Network Functional Connectivity and Brain-Heart Coupling," Scientific Reports 7 (2017), https://www.nature.com/articles/s41598-017-05520-9도 보라.

8   Summer Allen, "The Science of Gratitude: A White Paper Prepared for the John Templeton Foundation by the Greater Good Science Center at UC Berkeley," Greater Good Science Center at UC Berkeley, May 2018, https://ggsc.berkeley.edu/images/uploads/GGSC-JTF_White_Paper-Gratitude-FINAL.pdf.

9   Chih-Che Lin, "A Higher-Order Gratitude Uniquely Predicts Subjective Well-Being: Incremental Validity above the Personality and a Single Gratitude," *Indicators Research* 119, no. 2 (2013): 909–24.

기분을 덜 느끼며, 충격적인 사건을 경험한 후 더 잘 회복될 수 있음을 보여주는 연구 결과도 많다.[10]

　나는 감사라는 미덕에 초점을 맞추면 그리스도인들과 과학자들이 좀 더 잘 연결되고 그들이 좀 더 잘 소통하리라고 믿는다. 나는 연구와 개인적인 경험을 통해 감사의 경험은 그리스도인 다수가 일부 과학적 발견과 과학자들에게 느끼는 감정인 분노나 두려움과 상반됨을 발견했다.[11] 어떤 그리스도인 지도자는 내게 다음과 같이 말했다. "[내가 사역하고 있는] 아프리카계 미국인 교회의 신학은 특이하게도 의심이 아니라 감사에 뿌리를 두는데, 그것은 자신에게 닥치는 삶의 모든 문제를 다루는 매우 다른 자세입니다. 그리고 그것은 우리가 과학(또는 과학자들)에 어떻게 접근할 것인지 또는 '하나님은 과연 선하신가?'라는 신학적 질문에 어떻게 접근할 것인지를 결정합니다. 우리는 [그 신학이] 이미 하나님은 선하시다는 것을 받아들였음을 압니다. 그것이 어떻게 작동하는지 우리가 이해하지 못할 수도 있지만, 이해하지 못해도 무방합니다."[12] 최근에 감사에 관한 책을 쓴 작가 다이애나 버틀러 배스(Diana Butler Bass)에 따르면, "감사는 우리가 내면의 빛을 알아차리고 우리 각자를 존재하게 만든, 놀랍도록 신

10　Allen, "Science of Gratitude," 4.

11　예를 들어 Ecklund and Scheitle, Religion vs. Science를 보라; Kristin Layous, Kate Sweeny, Christina Armenta, Soojung Na, Incheol Choi, and Sonja Lyubomirsky, "The Proximal Experience of Gratitude," PLOS One, July 7, 2017, DOI: https://doi.org/10.1371/journal.pone.0179123도 보라.

12　RUS_Low SES African American Evangelical Church Houston Int19, 2011년 8월 11일 인터뷰.

성한 사회적·과학적 사건들을 깨달은 데 대한 감정적인 반응이다."[13] 따라서 우리는 시편 저자처럼 "나를 지으심이 심히 기묘하심이라!" 라고 외칠 수 있다(시 139:14).

과학 분야 종사자의 감사

내 연구에서 몇몇 그리스도인 과학자는 과학에 대한 감사를 표현했다. 그들은 고통을 줄이고 세상을 더 좋게 만드는 과학이 지닌 능력에 감사한다. 그들은 또한 자기가 이러한 노력과 변화를 만들어내는 일에 동참할 수 있다는 사실을 매우 감사하게 생각하는데, 종종 **하나님께 감사드린다.** 어떤 과학자가 다음과 같이 얘기한 것처럼 말이다. "예를 들어 이렇게 복잡한 인간의 몸이 어떻게 형성되는지를 우리가 이해하는 데 도움을 주는 과학도 있고, 진화의 문제를 다루고자 노력하는 과학도 있습니다. 그리고 우주 과학과 천문학 전체가 하늘에 계신 하나님의 영광을 선포합니다."[14]

그리고 과학은 이런 과학자들에게 자신이 하나님의 창조세계에 긍정적인 영향을 주고 있으며, 자아보다 좀 더 큰 뭔가의 한 부분이라는 느낌이 들게 한다. 그들은 또한 종종 과학이 자기가 참으로 사랑하는 일에 열정을 쏟으면서 자신의 목적을 성취할 수 있게 해주는

---

13 Diana Butler Bass, *Grateful: The Transformative Power of Giving Thanks*(San Francisco: HarperOne, 2018)를 보라. 페이지가 표시되지 않았음.

14 RC_04, 유전학, 교수, 여성, 그리스도인, 2018년 3월 4일 인터뷰.

사명 또는 소명이라고 묘사하기도 한다. 생체 의학 분야에서 일하는 어느 그리스도인은 자신의 과학 연구에 관해 이렇게 말했다. "'많이 받은 자에게는 많이 요구할 것'이라는 구절이 계속 생각납니다. 내게 는 갚아야 할 빛이 있는데, 나는 과학을 인간이 처한 상황에 개입하 기 위한 놀라운 **도구**로 봅니다."[15] 나는 또한 연구를 통해 종교가 없 는 과학자들이 자신의 연구를 좀 더 높은 힘과 연결하거나 신에 대 한 감사를 표현하지는 않지만, 그들 가운데 다수가 세상의 아름다움 과 자기가 연구하는 과정에 감사하며, 자신의 과학 연구를 통해 변화 에 영향을 줄 수 있는 능력을 지니고 있다는 사실에 감사한다는 것을 발견했다. 종교가 없는 과학자들은 또한 그들과 함께 일하는 사람들, 즉 동료들 및 그들의 노력을 지지하고 돕는 친구들에게 깊은 감사를 표현했다. 그것은 내게 그리스도인들이 그들의 교회와 신앙 공동체 의 구성원들에 대해 느끼는 감정을 상기시켰다.

그리스도인 과학자들은 종종 과학자들도 종교를 가질 수 있음 을 이해하고, 과학계에 신앙인들이 설 자리가 있다고 믿으며, 과학과 종교 사이의 관계에 관한 진지하고 예의 바른 대화에 열려 있는 동료 들에게 특히 감사한다. 예를 들어, 제이미는 자신이 그리스도인이 아 닌 동료들에게 얼마나 감사하는지를 다음과 같이 설명했다.

대학원에 다닐 때 나는 그리스도인이라는 사실 때문에 어떤 적대감도

---

15   RC_06, 면역 및 류머티즘학, 부교수, 남성, 복음주의 그리스도인, 2018년 3월 8일 인터뷰, 강조는 그의 것임.

느낀 적이 없습니다. 반면에 내가 지도하는 많은 대학원생이 [자신의 신앙을] 드러내지 않으며, 선배 교수들이 학부생들뿐만 아니라 대학원생들에게도 종종 공공연하게 "그리스도인들은 어리석다"라고 논평한다고 말합니다.…나는 그런 의견과 태도가 분명히 존재한다는 사실을 압니다.…하지만 내가 그런 일을 개인적으로 경험하지는 않았습니다.…나는 매우 운이 좋았습니다. 그리스도인들이 언제나 나처럼 우호적인 대우를 받기만 하는 것은 아님을 알기 때문입니다.…내게는 진정한 대화와 **진정한** 질문을 할 기회가 있었는데 나는 그것에 대해 매우 감사하게 생각합니다.[16]

그리스도인들은 과학과 과학자들에게 감사한다

놀랍게 들릴 수 있겠지만 내가 연구를 위해 인터뷰한 많은 그리스도인(과학자가 아닌 사람들)은 과학에 대해 깊은 감사를 표현했다. 그들은 과학이 세상을 더 나은 곳으로 만드는 방식에 대해 감사한다. 과학 전반과 과학이 자기의 삶에서 하는 역할에 감사하는 사람이 있는가 하면, 특정한 의학 발전에 초점을 맞추는 사람도 있다. 자신이 아프리카계 미국인 침례교회라고 부르는 교회에 출석하는 어떤 남성은 "우리 사회의 성장과 발전에 매우 도움이 되는 여러 수준의 과학

---

16 RC_02, 진화생물학자, 부교수, 여성, 그리스도인, 2018년 2월 14일 인터뷰, 강조는 그녀의 것임.

이 있습니다"라고 말했다. 그는 "나는 하나님의 은혜 때문만 아니라 어렸을 때 맞은 백신 때문에도 소아마비에 걸리지 않았습니다"라고 말했다. 그는 의학 분야에서 일하는 과학자들에게도 감사한다. "사람들은 치유를 위해 기도하고, 치유를 믿으며, 의사가 성공적으로 수술했을 때 하나님께 감사합니다."[17] 또 다른 그리스도인은 그녀의 어머니가 앓았던 질병인 알츠하이머병 연구에 대해 과학자들에게 감사를 표했다.[18]

한 복음주의 그리스도인 남성은 인터뷰 중에 내게 다음과 같이 말했다. "나는 과학의 열렬한 팬입니다. 나는 과학이 매혹적이라고 생각합니다. 나는 인생을 [과학에] 바치는 사람들은 인류를 섬기는 종들이라고 생각합니다. 그리고 그들이 하는 일은 인류의 문명화에서 일어나는 가장 중요한 일들에 속하며, 그 일은 나를 흥분하게 만듭니다." 그는 이어서 과학이 만들어 낼 수 있는 미래의 모든 기회에 감사를 표하며 이렇게 말했다. "나는 과학이 가급적 최고의 속도로 발전하여…우리가 유익한 결과를 얻을 수 있기를 바랍니다. 그리고 나는 그것을 격려하기 위해 우리가 할 수 있는 모든 일을 하고,…우리가 이용할 수 있는 모든 자원과 우리에게 드러난 모든 지식을 인류의 유익을 위해 사용해야 한다고 생각합니다."[19] 내가 실시한 조사에서 나는 복음주의자의 약 71퍼센트와 주류 개신교 신자의 72퍼센트

---

17 RUS_Low SES African American Evangelical Church Houston Int19, 2011년 8월 11일 인터뷰.
18 RUS_Low SES Evangelical Church Houston Int2, 2011년 6월 22일 인터뷰.
19 RUS_High SES Evangelical Church Houston Int16, 2012년 10월 25일 인터뷰.

가 "과학과 기술로 인해 다음 세대에는 더 많은 기회가 있을 것"이라는 데 동의한다는 것을 발견했다.[20]

많은 그리스도인 과학자는 과학이 자신의 신앙을 보완하는 방식에 감사를 느낀다고도 말했다. 한 복음주의 그리스도인은 "나는 [의학 분야에서의 이런 발전을 이뤄낸] 모든 의학자와, 그들에게 그것을 알아낼 수 있는 지적 능력을 주시고, 우주를 우리가 이해할 수 있도록 창조하신 하나님께 매우 감사합니다"라고 말했다.[21] 또 다른 그리스도인은 내게 "과학은…내가 삶의 복잡함과 아름다움을 참으로 이해하게 해주었으며, 그것은 나를 더 영적으로 만들었습니다"라고 말했다.[22]

그리스도인 과학자들은 신앙에 감사한다

내가 인터뷰한 그리스도인 과학 분야 종사자들은 자신의 신앙과 신앙이 자신의 연구에 미칠 수 있는 영향에 대해 감사하게 생각한다고 말했다. 내가 인터뷰한 어느 그리스도인 물리학자는 신앙이 자신을 과학 분야로 불러서 과학 연구에 대한 동기와 지지를 제공했다고 말했다. 그는 과학자로서 "내게는 신앙이 내가 하는 일에서 매우 중요한 부분이며, [신앙이] 내가 하는 일을 합리적인 것으로 만듭니다"라

20 Ecklund and Scheitle, *Religion vs. Science,* 22.
21 RUS_Mid-High SES Evangelical Church Chicago Int1, 2012년 6월 18일 인터뷰.
22 RUS_High SES Mainline Church Chicago Int11, 2013년 7월 21일 인터뷰.

고 말했다. 그는 어느 그리스도인 학생을 멘토링했던 일을 회상했는데, 그의 학생은 학위논문 헌정사에서 다음과 같이 썼다. "할렐루야! 모든 영광과 찬송을 하나님께 돌립니다! 4반세기 동안의 내 정규 교육 과정을 돌이켜보면 나는 하나님이 내게 베푸신 헤아릴 수 없는 많은 복에 놀라지 않을 수 없습니다. 이 논문이 지난 몇 년 동안 내게 자신의 창조세계를 연구할 수 있는 능력을 주신 하나님께 드리는 감사의 기도가 되기를 바랍니다. 그것은 내 인생에서 가장 즐거운 일 중 하나였습니다." 이 물리학자는 이 인터뷰 후에 이 기억을 더 상세히 설명하는 이메일을 내게 보냈다. 그는 그 학생이 "누가 그의 멘토였는지와 관계없이 이 헌정사를 썼을 수도 있겠지만, 나는 내가 그 학생이 편안한 마음으로 그런 헌정사를 쓸 수 있게 했다고 생각하고 싶습니다"라고 말했다.[23] 그는 자신의 신앙이 이런 방식으로 그의 학생과 관계를 맺게 하고, 그 학생을 격려하여 그의 신앙을 자유롭게 표현하도록 격려할 수 있게 한 것에 감사를 느꼈다.

의학과 관련된 분야에서 일하는 그리스도인들은 신앙이 고통받는 사람들에게 줄 수 있는 위로에 대해 감사하게 생각한다고 말했다. 내가 어느 그리스도인 생물학자에게 신앙이 중요하다고 생각했던 상황을 직면한 적이 있는지 물었을 때 그는 이렇게 말했다. "나는 특히 어려운 상황—말기 폐암이나 치료 방법이 없는 질병들—에 처한 환자를 여러 번 접했습니다.…나는 그들과 함께 기도하고 진심 어린

---

23 RC_05, 플라스마 물리학, 연구 교수, 남성, 복음주의자, 2018년 3월 7일 인터뷰.

긍휼(그들이 그렇게 느꼈기를 바랍니다)을 나누는…경험을 했습니다."[24]

어떤 상황에서는 종교가 없는 과학자들이 종교를 인정한다는 말을 들으면 당신은 놀랄지도 모른다. 혹자는 종교가 세상에 대한 이해와 삶의 의미에 깊이를 더할 수 있다고 생각한다. 예를 들어 작고한 고생물학자이자 불가지론인인 스티븐 제이 굴드(Stephen Jay Gould)는 과학과 종교가 세상과 우리 삶의 서로 다른 부분을 지배하며(그는 이 둘을 "겹치지 않는 교도권"[nonoverlapping magisteria]이라고 부른다), 둘 다 필수적이라고 믿었다. 그는 다음과 같이 말한다. "과학과 종교 사이의 충돌 부재는 이 둘의 전문성 영역들 사이에 겹치는 부분이 없다는 사실에서 나온다. 과학은 우주의 경험적 구성에 전문성이 있고, 종교는 적절한 윤리적 가치와 우리의 삶의 영적 의미에 전문성이 있다. 온전한 삶에서 지혜를 얻기 위해서는 두 영역 모두에 광범위하게·주의를 기울일 필요가 있다. 어떤 위대한 책이 진리가 우리를 자유롭게 할 수 있으며, 우리가 정의롭게 행하고 자비를 사랑하고 겸손하게 행동하는 법을 배울 때 동료들과 최적의 조화를 이루며 살게 될 것이라고 말하기 때문이다."[25]

나는 몇 년 전에 미국의 과학자들이 종교에 관해 어떻게 생각하는지에 대한 조사를 실시했는데, 그 조사에서 무신론자나 불가지론자인 많은 과학자와도 이야기를 나누었다. 내가 대면 인터뷰한 무신론자 과학자 275명 가운데 "종교에 매우 적대적이고 적극적으로 종

---

24   RC_06, 면역학 및 류머티즘, 부교수, 남성, 복음주의자, 2018년 3월 8일 인터뷰.
25   Stephen Jay Gould, "Nonoverlapping Magisteria," The Unofficial Stephen Jay Gould Archive, http://www.stephenjaygould.org/library/gould_noma.html.

교에 대항하는 활동을 벌이고 있는" 사람은 다섯 명뿐이었다.[26] 무신론자나 불가지론자인 과학자들 가운데 교회에 다니거나 교회에 관여하는 사람도 있으며, 교회를 자녀들에게 도덕과 공동체에 관해 가르칠 수 있는 곳으로 보는 사람도 있다. 나는 내 연구를 통해 "몇몇 과학자에게는 종교가 중요한 윤리적 지침도 제공하며", 그들은 이 점에 관해 공개적으로 말하면 "일반 신자들이 과학자들 가운데는 종교를 사용하여 자신이 수행하는 연구의 함의를 생각하는 사람도 있음을 이해하는 데 도움이 될 것"이라고 생각한다는 것을 알고 매우 놀랐다.[27] 하나님을 믿지 않는 어느 물리학자는 자신은 종교에 긍정적인 측면—"사람들을 위한 사회 구조, 참여, 소속감" 등—이 있다고 생각한다고 말했다. 그는 또한 교회에 따라서는 종교가 "훌륭한 지적 자기평가와 자아실현 경험이 될 수 있다"라고 믿는다.[28] 무신론자인 어느 생물학자는 "종교의 사회적 측면들"이 "매우 중요하다"라고 말했다.[29] 나는 또한 "영적 무신론자"인, 종교가 없는 과학자들도 만났다. 영적 무신론자는 종교인은 아니지만 영성이 자기가 "이 세상의 핵심적인 신비"를 이해하는 데 도움을 줄 수 있다고 생각하는 사람을 의미한다.[30]

26 Elaine Howard Ecklund, *Science vs. Religion: What Scientists Really Think* (New York: Oxford University Press, 2010), 150.
27 Ecklund, *Science vs. Religion*, 137.
28 RAAS_Phys 34, 2006년 4월 11일 인터뷰.
29 RAAS_Bio 20, 2006년 1월 24일.
30 Ecklund, *Science vs. Religion*, 150.

공통의 토대 발견하기

거의 20년 전에 나는 농부인 내 할아버지에게 내가 사회학 박사 학위를 받을 계획인데, 아마도 4년 또는 그 이상이 걸릴 것이라고 말했다(박사 학위를 받는 데 6년이 걸렸다). 그분은 "박사 학위를 받으면 학위가 없을 때보다 돈을 더 많이 벌 수 있냐?"라고 물었다. 나는 그건 잘 모르겠지만 돈 때문에 학위를 받으려는 것은 아니라고 말했다. 할아버지는 "돈을 더 많이 벌기 위한 것이 아니라면, 왜 그 일에 네 인생을 바치려는 거냐?"라고 물었다. 나는 그 질문에 말문이 막혔다. 당시에 나는 어떻게 대답해야 할지 정말 몰랐다. 할아버지의 질문이 내가 박사 학위를 취득하는 것을 막지는 못했지만, 그 질문은 내 삶에 또다른 방식으로 훨씬 더 심오한 영향을 주었다. 그것은 내 삶의 방향을 잡아주는 원칙이 되었고, 내가 하던 일을 멈추고 내 시간과 노력을 가치 있는 일에 헌신하고 있는지 확인하게 하는 경종이 되었다.

　내가 이 책을 감사라는 주제로 끝맺는 것은 우연이 아니다. 몇몇 과학자는 이제 감사는 우리 인간 본성의 본질적인 부분으로서 깊이 뿌리박힌 미덕이자 감정이라고 믿는다.[31] 감사는 우리가 서로 주고받으며, 좀 더 나은 관계를 쌓고, 상호 관계를 발생시키도록 돕는다. 감사는 우리의 생존에 도움을 주는 협력으로 이끈다. 감사는 우리의 생각을 우리 자신 너머로 넓히고, 좀 더 큰 공동체 의식을 얻을 수 있는 협력으로 이끈다. 감사는 우리가 하던 일을 멈추고 곰곰이 생각하

31　　Allen, "Science of Gratitude," 2-3, 15.

며, 인내심과 자제력을 향상하도록 돕는다. 따라서 감사는 우리 각자와 우리의 교회 공동체들이 과학과 신앙 사이의 관계를 개선하도록 도움을 주는 첫걸음이 될 수 있다. 즉 감사는 우리가 과학과 신앙 각각이 제공하는 유익들과 우리의 삶에 가져다주는 가치들 그리고 양자가 협력할 수 있는 방식에 감사하도록 상기시켜 준다.

지금 돌이켜보면 나는 이제 내 할아버지의 질문에 대답할 수 있다. 나는 감사 때문에 사회학과 종교 사회학 연구에 내 삶을 바치고 있다. 나는 내 기독교 신앙과 그것이 내 삶에서 담당하는 역할에 감사한다. 나는 내 교회 공동체에 감사한다. 나는 또한 자연 과학과 사회 과학이 우리가 우리의 세상을 좀 더 잘 이해하고 항해하도록 해준 발전에 감사한다. 나는 우리 과학자들이 좀 더 잘 어울리고 협력할 수 있게 해준 과학의 도구들과 개념들에 감사한다. 사실 신앙과 과학 모두에 대한 나의 감사가 내가 신앙 공동체와 과학 공동체를 연구하고 두 공동체 모두에게 돌려주기 위해 노력하는 원동력이었다. 그리고 이 감사로 인해 나는 내 일이 내 예배의 일부라고 말할 수 있다.

추가 토론

---

1. 당신의 삶에서 당신이 감사하는 대상이 있는가? 당신은 감사가 당신의 삶에 어떤 영향을 준다고 생각하는가?

2. 당신이 매일 감사를 실천할 수 있는 실제적인 방법은 무엇인가? 그것들 가운데 두 가지를 적어보라.

3. 잠시 시간을 내 당신이 과학에 대해 감사하게 생각하는 세 가지를 적어 보라. 이것들을 다른 사람들과 공유하라.
4. 당신의 지인 가운데 과학 분야에서 일하는 누군가에게 그들 자신과 그들이 하는 일에 감사를 표현하는 짧은 편지를 써 보라.

더 읽을 책

1장

Elaine Howard Ecklund and Christopher P. Scheitle, *Religion vs. Science: What Religious People Really Think* (New York: Oxford University Press, 2017).

Scott MacDonald and Eleonore Stump, eds., *Aquinas's Moral Theory: Essays in Honor of Norman Kretzmann* (Ithaca, NY: Cornell University Press, 2008).

Alasdair MacIntyre, *After Virtue: A Study in Moral Theory*, 3rd ed. (Notre Dame, IN: University of Notre Dame Press, 2007).

Christopher Pieper, *Sociology as a Spiritual Practice: How Studying Sociology Can Make You a Better Person* (Dubuque, IA: Kendall Hunt, 2015).

2장

Dietrich Bonhoeffer, *Life Together: The Classic Exploration of Christian Community* (San Francisco: HarperOne, 2009). 이 책은 기독교 공동체에 관해 내가 가장 좋아하는 책이다.

Elaine Howard Ecklund, *Science vs. Religion: What Scientists Really Think* (New York: Oxford University Press, 2010). 이 책은 미국의 과학계에 관한 내 저서다.

Joseph C. Hermanowicz, *The Stars Are Not Enough: Scientists—Their Passions and Professions* (Chicago: University of Chicago Press, 1998). 이 책은 과학계에 관해 좀 더 많은 정보를 제공한다.

Tom McLeish, *The Poetry and Music of Science: Comparing Creativity in Science and Art* (Oxford, UK: Oxford University Press, 2019).

3장

Denis Alexander, *Creation or Evolution—Do We Have to Choose?* (n.p.: Monarch, 2014).

Francis Collins, *The Language of God: A Scientist Presents Evidence for Belief* (New York: Free Press, 2007).『신의 언어』, 김영사 역간

John H. Evans, *What Is a Human? What the Answers Mean for Human Rights* (New York: Oxford University Press, 2016).

Deborah B. Haarsma and Loren D. Haarsma, *Origins: Christian Perspectives on Creation, Evolution, and Intelligent Design* (Grand Rapids: Faith Alive Christian Resources, 2011).『오리진』, IVP 역간.

Ronald Numbers, *The Creationists: From Scientific Creationism to Intelligent Design* (Cambridge, MA: Harvard University Press, 2006).『창조론자들』, 새물결 플러스 역간.

4장

Elias Baumgarten, "Curiosity as a Moral Virtue," *The International Journal of Applied Philosophy* 15, no. 2 (2001): 169-84. 이 논문은 철학적인 호기심이 많은 사람을 위한 훌륭한 자료다.

Greg Cootsona, *Mere Science and Christian Faith: Bridging the Divide with Emerging Adults* (Downers Grove, IL: InterVarsity Press, 2018).

Mario Livio, *Why? What Makes Us Curious* (New York: Simon & Schuster, 2017).

5장

Peter Berger and Anton Zijderveld, *In Praise of Doubt: How to Have Convictions without Becoming a Fanatic* (New York: HarperOne, 2009). 『의심에 대한 옹호』, 산책자 역간.

Anne Lamott, *Plan B: Further Thoughts on Faith* (New York: Riverhead Books, 2006).

Vance Morgan, "Why Doubt Is My Favorite Virtue," *Patheos, Freelance Christianity* (blog), April 27, 2019, https://www.patheos.com/blogs/freelancechristianity/why-doubt-is-my-favorite-virtue.

Henri J. M. Nouwen, *The Inner Voice of Love: A Journey through Anguish to Freedom* (Cincinnati: St. Anthony Messenger Press, 2001).

John Ortberg, *Know Doubt: The Importance of Embracing Uncertainty in Your Faith* (Grand Rapids: Zondervan, 2008).

6장

Ian M. Church and Peter L. Samuelson, *Intellectual Humility: An Introduction to the Philosophy and Science* (New York: Bloomsbury Academic, 2017).

Karl E. Johnson and Keith Yoder, "Chemist as Complementarian: An Interview with Robert C. Fay," *Perspectives on Science and Christian Faith* 61, no. 4 (2009): 233-39.

Everett L. Worthington Jr. and Scott T. Allison, *Heroic Humility: What the Science of Humility Can Say to People Raised on Self-Focus* (Washington, DC: American Psychological Association, 2018).

7장

John H. Evans, *Contested Reproduction: Genetic Technologies, Religion, and Public Debate* (Chicago: University of Chicago Press, 2010). 이 책은 생식 유전 기술과 관련된 종교적·윤리적 이슈에 관한 가장 탁월한 학술서다.

Dorothy Sayers, *The Mind of the Maker* (New York: HarperSanFrancisco, 1941). 이 책은 창의성에 관한 훌륭한 책이다.

8장

Kate Bowler, *Everything Happens for a Reason: And Other Lies I've Loved* (New York: Random House, 2018). 이 책은 내가 읽은 고통에 관한 책 중 가장 좋은 책이다.

John H. Evans, *Playing God? Human Genetic Engineering and the Rationalization of Public Bioethical Debate* (Chicago: University of Chicago Press, 2002).

John H. Evans, "The Road to Enhancement, via Human Gene Editing, Is Paved with Good Intentions," *The Conversation*, November 27, 2018, http://theconversation.com/the-road-to-enhancement-via-human-gene-editing-is-paved-with-good-intentions-107677.

9장

Robert Gilbert, *Science and the Truthfulness of Beauty: How the Personal Perspective Discovers Creation* (Abingdon, UK: Routledge, 2018). 길버트는 생물 물리학 교수이자 옥스퍼드 대학교의 성공회 신부다. 이 책은 과학을 통해 아름다움을 발견하는 것에 관심이 있는 사람들을 위한 책이다.

Paul David Tripp, Awe: *Why It Matters for Everything We Think, Say, and Do* (Wheaton: Crossway, 2015). 이 책은 특별히 과학에 관한 책이 아니라, 그리스도인의 삶에서 경외심의 중요성에 관한 책이다.

10장

Walter Brueggemann, *The Prophetic Imagination*, 2nd ed. (Minneapolis: Fortress, 2001). 『예언자적 상상력』, 복있는사람 역간. 이 책은 과학에 관한 책이 아

니라 성경 전체에 나타난 능력과 변화에 관한 책이다.

Andy Crouch, *Culture Making: Recovering Our Creative Calling* (Downers Grove, IL: InterVarsity Press, 2008). 『컬처 메이킹』, IVP 역간. 크라우치는 그리스도인들이 문화를 창조하는 혼란스러움에 관여하는 것이 무엇을 의미하는지를 다룬다.

Elaine Howard Ecklund and Anne E. Lincoln, *Failing Families, Failing Science: Work-Family Conflict in Academic Science* (New York: New York University Press, 2016). 이 책은 많은 사람, 특히 그리스도인 여성들이 과학 분야에서 성공하는 것을 방해하는 문제인 과학 분야에서의 젠더와 가정생활을 다룬다.

Katharine Hayhoe and Andrew Farley, *A Climate for Change: Global Warming Facts for Faith-Based Decisions* (New York: Faith Words, 2009). 2014년 「타임」에서 선정한 가장 영향력 있는 100인 중 한 명인 헤이호는 기후변화와 신앙의 문제에 관해 인기 있는 강연자다.

"Science Benefits from Diversity," editorial, *Nature* 558, no. 5 (June 2018), https://www.nature.com/articles/d41586-018-05326-3.

11장

Andrea Brandt, "Science Proves That Gratitude Is Key to Well Being," July 30, 2018, *Psychology Today*, https://www.psychologytoday.com/us/blog/mindful-anger/201807/science-proves-gratitude-is-key-well-being.

Diana Butler Bass, *Grateful: The Transformative Power of Giving Thanks* (San Francisco: HarperOne, 2018). 이 책은 감사를 다룬 책 중에서 내가 가장 좋아하는 책이다.

Anne Lamott, *Help, Thanks, Wow: The Three Essential Prayers* (New York: Riverhead Books, 2012). 『가벼운 삶의 기쁨』(나무의철학 엮음). 나는 라모

트의 투박함을 좋아하며 이 책으로부터 감사에 관해 많이 배웠다.

기독교와 과학이 교차로에서 만나려면
그리스도인과 과학자가 서로 협력할 수 있는 공통 덕목

1쇄 발행 2024년 8월 21일

지은이 일레인 하워드 에클런드
옮긴이 홍수연
펴낸이 김요한
펴낸곳 새물결플러스

편 집 왕희광 정인철 노재현 이형일 나유영 노동래
디자인 황진주 김은경
마케팅 박성민
총 무 김명화 이성순
영 상 최정호
아카데미 차상희

홈페이지 www.holywaveplus.com
이메일 hwpbooks@hwpbooks.com
출판등록 2008년 8월 21일 제2008-24호
주 소 (우) 04114 서울특별시 마포구 신촌로28가길 29
전 화 02) 2652-3161
팩 스 02) 2652-3191

ISBN 979-11-6129-285-4 03230

책값은 뒤표지에 있습니다.